神戸カフェ日和
すてきなCAFEさんぽ

あんぐる 著

Mates-Publishing

CONTENTS

※本書は 2015 年発行の
『神戸　すてきなカフェさんぽ』の改訂版です。

この本の使い方	5
MAP	6
Cafe de Agenda	8
CAFE Zoé	10
SIMASIMA	12
cafe アノヒアノトキ	14
macaronner	16
café clotho	18
HAPPY COFFEE	20
CAFE +	22
café hanabishi	24
Y's coffee roaster & baked shop	26
グリーンハウスシルバ	28
TORITON CAFÉ KOBE KITANO	30
KIITO CAFE	32
CAFE KESHiPEARL	34
giggi	36
BO TAMBOURiNE CAFE	38
calas	40

Gâteaux Favoris	42
ROUND POINT CAFE	44
cafe yom pan	46
mahisa 元町店	48
cafe.shuu	50
niji cafe	52
cafe&bar anthem	54
KOKOSICA	56
カフェ豆茶	58
kaffe.antik markka	60
のわのわカフェ	62
bucato cafe	64
UNICORN	66
パーラーホープ洋装店	68
haus diningroom	70
COFFEE Norari&Kurari	72
あんカフェ	74
cafe maasye	76
ALLIANCE GRAPHIQUE	78
YIDAKI CAFE	80
Café Cru.	82
tearoom marble	84

吹上の森 六甲	86
natural sweets café matoca	88
café de assiette	90
六珈	92
PLUS FRESH	94
おやつとお茶 いろは	96
コーヒーと古着や雑貨 マザーミーツ喫茶店	98
ひなび	100
いしころカフェ	102
cafe yuddy	104
Bleu Parc	106
Cafe gallery studio D.	108
甘味処 あかちゃ家	110
Nim.cafe	112
北の椅子と	114
cafe Shizuku	116
COZY COFFEE	118
sweets cafe Riche	120
784JUNCTIONCAFE	122
カントコトロ	124
INDEX	126

この本の使い方

お店がある場所のエリア名や
最寄り駅です。
中心部はピンク、東西エリアは
ブルーで色分けしています。

`SWEETS` · `FOOD` · `ALCOHOL` · `BREAD` · `TAKEOUT` · `GOODS`

スイーツ・フード・自家製パンのメニューや販売、アルコー
ルメニュー、ドリンクやフードのテイクアウト、雑貨販売の
有無をアイコンで表示しています。

Cafe de Agenda
カフェ デ アゲンダ

丁寧に作られたかわいらしいケーキに
笑顔があふれる幸せなひととき

MENU
ブレンドコーヒー (H/I)　500円/550円
クリームソーダ　700円
抹茶マロンチーズケーキ　750円
キャロットケーキ　750円
（ケーキとドリンクのセットで100円引）

DATA
神戸市中央区栄町通3-2-8
松尾ビル2階
078-325-1025
13：00～18：00頃
月・木曜休み、不定休
テーブル22席
全席禁煙
https://www.facebook
com/Cafe.de.Agenda/

メニューの一部を紹介しています。

お店の方からのコメントや
おすすめポイントです。

定休日は基本的に定期休日の
みの記載で、お盆や年末年始
などは含まれていません。

※本書のデータは2018年1月現在のものです。記載している情報や価格は取材時のもので、
予告なく変更される場合があります。詳細は各店でご確認ください。

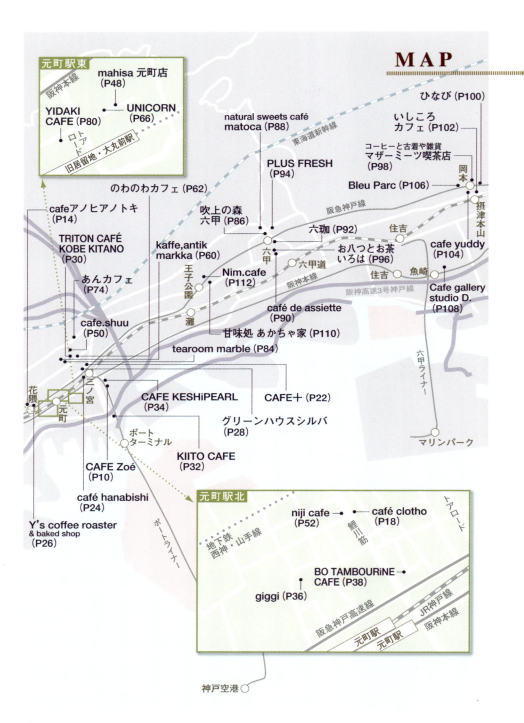

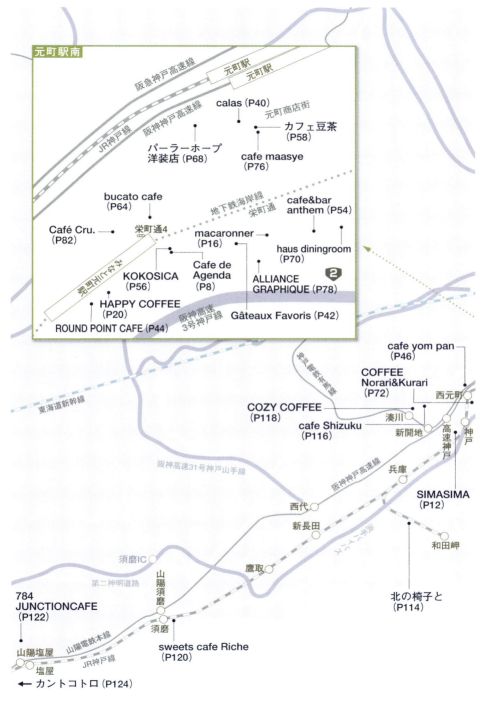

Cafe de Agenda
カフェ デ アゲンダ

・SWEETS

スイーツに合う内装にと、
壁を塗ったり飾ったりした手作りの空間

丁寧に作られたかわいらしいケーキに
笑顔があふれる幸せなひととき

乙仲通り沿いの古いビルの2階にあるのは、レトロなビルにマッチしたガーリーな空間。一つひとつ違うヴィンテージの椅子が、甘くなりすぎず居心地のよさをプラスしています。

オリジナルのケーキは10種類以上。シフォンサンドや月ごとのパフェなど、季節のフルーツをふんだんに使っています。「ケーキは特別なもの。何でもない日にきれいに盛り付けられたケーキが出てきたら、特別な気分になる。わーっとうれしい気持ちになってほしいんです」と、オーナーの長谷川さやかさん。お皿にソースで一つひとつ絵を描き、ガトーショコラには、ちょっといいお酒で隠し味。幸せな気分になれる一皿には、たくさんの愛情がこもっています。

DATA
神戸市中央区栄町通3-2-8
松尾ビル2階
078-325-1025
13：00～18：00頃
月・木曜休み、不定休
テーブル22席
全席禁煙
https://www.facebook.com/Cafe.de.Agenda/

栄町

▲いちごみるくのとろける
チーズケーキ800円。かわい
らしくて絵のような一皿は、
食べるのがもったいないほど
◀◀左右2つの空間があり、
ちょっと違った雰囲気
◀左側スペースは、ピンクの
壁でソファ席のゆったり空間

ポートタワーが見える神戸らしい空間で、幸せな時間を過ごしてください。

オーナー
長谷川さやかさん

MENU

ブレンドコーヒー（H/I）	500円/550円
クリームソーダ	700円
抹茶マロンチーズケーキ	750円
キャロットケーキ	750円
（ケーキとドリンクのセットで100円引）	

シフォンサンド1,200円。
ふわふわシフォンに季節の
フルーツがたっぷり

ACCESS

阪急花隈駅東口より南東へ6分。JR・阪神元町駅西口より南西へ7分。地下鉄海岸線みなと元町駅2番出口より南へ2分

さわやかな酸味の
ベリーベリーソーダ
650円

右側のスペースは、カーテンの向こうにポートタワーが見える

CAFE Zoé
カフェゾエ

・SWEETS ・FOOD ・ALCOHOL

ブルーの壁とやわらかな光が差し込む大きな窓。
アンティークの雑貨がさりげなく飾られる雰囲気ある空間

ひとりの時間を大切にできる
静かな隠れ家大人カフェ

「お客さんはもちろん、自分たちも気持ち的にゆっくりしたい」とランチをやめるなどリセットして再開したのが2017年のことでした。以前から人気だったフレンチトーストに加え、爆発的なヒット商品が珈琲ゼリーと塩アイスとのコンビネーションが絶妙です。甘み控えめなゼリーと塩アイスとのコンビネーションが絶妙です。

三宮駅からすぐとは思えないビルの3階は、ひとりの時間を楽しむのにぴったり。仕事や読書をする姿が多く見られます。店ではウクレレ教室や不定期での音楽ライブなどのイベントも開催。「流行にとらわれず、みんなで楽しく大人なイベントを今後も開いていけたら」と、オーナーの荒井厚子さん。一度行ったら癖になりそうです。

DATA
神戸市中央区御幸通6-1-3
ヤマダビル3階
078-261-3230
11：30～18：00
土・日曜、祝日休み
テーブル10席、カウンター6席
全席禁煙
https://www.instagram.com/
explore/tags/カフェゾエ

三宮

▲フレンチトースト（塩アイス＋メイプルシロップ）750円。ソーセージ付きは1,100円。コーヒー500円
◀◀1950年代のパリの映画のポスターも雰囲気に一役
◀タマゴサンド680円。ほかにハムサンド680円もあり

MENU

カシューナッツカレー	850円
自家製ジンジャーエール	650円
自家製チーズケーキ	450円
ロイヤルミルクティー	600円
ミックスジュース	600円

ビルの3階ですが、ゆっくりしに来てください。

オーナー
荒井厚子さん

ACCESS

JR三ノ宮駅、阪神・阪急神戸三宮駅より3～8分、地下鉄海岸線三宮・花時計前駅3番出口より東へ2分

窓際のカウンター席も仕事や読書をする一人客に人気

塩アイスをトッピングした珈琲ゼリー 650円

オーナーの私物、ヨーロッパやアメリカのアンティークの小物が飾られている

SIMASIMA
シマシマ

・SWEETS ・FOOD ・ALCOHOL

白い壁とコンクリート打ちっぱなしの床で、
ナチュラル&シンプルな店内。遊び心ある小物もかわいい

食べてほっこりにっこり
器も雰囲気も姉妹もキュート

ユニークな店名は、ボーダーやストライプなどの縞々大好きな浦島姉妹が営む店だから。カフェめぐりが趣味でずっとカフェをしたいと思っていた姉妹の夢が2016年に叶いました。
大人気のSIMASIMA定食は日替わり。農家直送の旬の野菜などを使って丁寧に手作りが信条。ヘルシー過ぎずがっつり過ぎず、野菜たっぷりの定食を求めて開店前から行列ができることも。「毎日来てくれる方、来た時に次の取り置きの予約をされる方もいてうれしいですね」と、姉の理恵さん。調理は妹の美紀さんの担当です。ケーキは定番3種で週2回おはぎも登場。ドリンクは、グリーンティーラテや黒ごまきな粉ミルクなどが人気です。

DATA
神戸市中央区相生町4-5-3
078-381-6600
11:30〜18:00 (17:30LO)
日・月曜、祝日休み
テーブル10席、カウンター3席
全席禁煙
https://www.instagram.
com/cafe_simasima.kobe/

神戸

▲ 限定30食のSIMASIMA定食980円。肉・海鮮の一品、小鉢3品、煮物、十六穀米、スープと彩鮮やか。取り置きも可
◀◀ 北欧調のテーブルや椅子もおしゃれ
◀ グリーンティーラテ600円。シュガーポットも縞々

MENU

カシューナッツとチキンのカレー
（サラダ・ヨーグルト付）　　　850円
ハム＆チーズ＆タマゴのホットサンド
（サラダ・スープ付）　　　　　600円
ガトーショコラ　　　　　　　　400円
カボチャのチーズケーキ　　　　400円

定食のごはんのおかわり大歓迎です。女性の方もご遠慮なく！

店主
浦島理恵さん
美紀さん

サツマイモの
チーズケーキ400円

ACCESS

JR神戸駅北口より南西へ2分。
地下鉄海岸線ハーバーランド駅より西へ2分。阪神・阪急高速神戸駅より南東へ4分

甘酒MIXジュース600円

実家は元米屋。大好きな姉妹 おいしいお米が

cafe アノヒアノトキ

○SWEETS ○FOOD ○TAKEOUT

店内のショーケースには
テイクアウト用の焼菓子がたくさん並ぶ

あの日とあの時に思いを馳せて
ゆったりとした時間を過ごしたい

セルフリノベーションした店内には一つひとつ雰囲気が違う手作りのテーブルやアンティークの椅子が並び、好きな席をチョイスしてゆっくりできます。「人それぞれに、あの日とあの時があり、その思い出を大切な人たちと語り合う空間になれば」と名付けた店名のとおり、訪れる人たちが思い思いの時間を過ごせる居心地のいい空間です。料理もお菓子も「家族に作るように」を基本に、吟味した素材で心をこめて。フードメニューはバランスがよく品数豊富なランチプレートをはじめ、単品注文可能なカレーやサンドなど。コーヒーは自宅近くの焙煎所でブレンドした2種類のオリジナル。夏季は自家製の蜜を使ったかき氷が人気です。

DATA
神戸市中央区再度筋町12-6
グラディート神戸Ⅰ
078-381-6676
11:00～17:00
(ランチは～14:30、金曜のランチ
は予約のみ) 金・土曜は～21:00
月・木曜休み
テーブル18席　全席禁煙
http://bravely521.com/
anohianotoki

県庁前

▲あの日のランチプレート 1,780円。冬は温かい煮込み料理がメイン。ランチメニューは、デザートプレートとドリンク付き
◀◀おひとりさまの人気席
◀あの時のカレーランチ 1,400円（単品1,000円）

店名そのままに思い思いの時間を過ごしていただけるとうれしいです。

オーナー
加納真紀子さん

MENU

あの日ブレンド（スッキリ）	500 円
あの時ブレンド（コク）	500 円
本日のジュース	500 円
ほろ苦 抹茶ラテ	650 円

その時のサンドランチ
1,200円（単品800円）

ACCESS

地下鉄県庁前駅より北西へ12分。阪急花隈駅西口より北へ15分

カフェセット800円（ランチに付くデザートプレート＆ドリンクも同じ）

一度火を通してシロップ漬けにしたレモンとオレンジをさわやかな炭酸で割って。シトラスソーダ650円

macaronner
マカロネ

SWEETS　TAKEOUT　GOODS

映画のポスターなども貼られ
フランスの雰囲気たっぷりの店内

素材のうまみたっぷりの極上マカロンと
フランスの雰囲気を満喫

かつてこの場所にあったカフェ「BERET」の元スタッフだった三谷亮子さんが、雰囲気をそのまま引き継ぎ開いたパティスリー。フランス留学時に出会ったマカロンのおいしさに惹かれて修業。従来のイメージを打ち破るかのような、記憶に残るマカロンを毎日手作りしています。素材そのものを生かすことが信条で、定番のヴァニーユには、マダガスカル産のバニラビーンズをたっぷり使っています。

「フランスではマカロンはデザートや食べ歩きに気軽に買うようなもの。もっと身近に感じてほしい」と、三谷さん。ここのなら食べられるという女性客や男性の一人客も訪れ、三谷さんの想いが徐々に広がっています。

DATA
神戸市中央区栄町通3-1-18
ハーバービル2階
078-321-0569
12:00〜19:00（18:30LO）
不定休
テーブル6席、カウンター6席
全席禁煙
https://www.instagram.com/explore/tags/マカロネ

栄町

▲（手前から時計回り）ショコラフランボワーズ220円、ヴァニーユ250円、ピスターシュ250円、柚子220円、カフェオレ550円
◀◀ソックスなどグッズ販売も
◀3名以上優先のソファー席は靴を脱いで利用

MENU	
コーヒー（H/I）	450円/500円
紅茶（3種類）	各500円
ルイボスティー（ノンカフェイン）	500円
バナナケーキ	400円
ブラウニー	450円

フランスを感じにいらしてくださいね。

店主
三谷亮子さん

「BERET」のレシピを受け継いだパンプキンチーズケーキ450円

ACCESS

JR・阪神元町駅西口より南へ5分。地下鉄海岸線みなと元町駅2番出口より東へ3分

フランスの炭酸水
「ペリエ」500円

マカロンは季節アイテムも含め常時約10種類が並ぶ

café clotho
カフェ クロト

SWEETS · FOOD · ALCOHOL · GOODS

店内では様々なジャンルのイベントを開催。
FBを要チェック

体にやさしいスイーツやごはん
野菜をつまみにアルコールも楽しめる

白とブルーの外観が目を引く鯉川筋沿いにあるカフェ。人気は旬の素材をたっぷり使ったランチです。野菜は西区にある完全無農薬の安藤ファームから。店主の森北アイ子さんが、直接畑にも出向いています。また、自身の体調不良をきっかけに食生活を改善した経験から、デザートはほぼ100%グルテンフリー。米粉やアーモンドプールを使い、砂糖も甜菜糖やきび糖です。シフォンケーキもホウレン草や小松菜など、季節の野菜がたっぷり。ランチはなくなり次第終了で、15時からは単品メニューが各種。好きな飲み物とおつまみのちょい飲みセットや居酒屋系の料理で、ビールやワイン、焼酎など、アルコールも楽しめます。

DATA
神戸市中央区下山手通3-6-4
078-335-0806
11:30～21:00
(ランチは～15:00LO)
不定休
テーブル14席、カウンター7席
17:00～喫煙可能
https://www.facebook.com/cafe.clotho/

元町北

▲ワンプレートランチ800円。たっぷりサラダと野菜の前菜、メイン、スープ、もち麦ごはん（またはパン）
◀◀シフォンケーキ500円
◀神戸でとれた素材で作るグルテンフリーの「神戸ねこタルト」も販売

イベントもしているので、お茶以外にも気軽に足を運んでください。

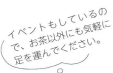

店主
森北アイ子さん

MENU

スペシャルティコーヒー	450 円
ハチミツ生姜サイダー	500 円
ケーキセット	750 円
ちょい飲みセット（15:00〜）	700 円
バランスごはんプレート（15:00〜）	1,000 円

ACCESS

JR・阪神元町駅東口より鯉川筋を北へ3分

クロトオリジナル薬膳茶600円（ポット）。季節ごとに一番多い症状にアプローチする

奥にはカウンター席がある

19

HAPPY COFFEE
ハッピーコーヒー

SWEETS　GOODS

ご主人手作りの棚など、茶を基調とした店内は落ち着いた雰囲気

漂う香りとおいしいコーヒーで
ハッピーなひとときを

店主の潟山和代さんとご主人がよく行っていたアンティークショップのあとを引き継ぎ、その趣を残しつつ喫茶店をオープン。手作りの棚にヴィンテージのカップが並ぶ店内は、レトロで落ち着く雰囲気です。潟山さんがコーヒーを好きになったきっかけは、ご主人が淹れるコーヒーを飲んだこと。苦いだけでなく、スペシャルティコーヒーがもつ明るい酸味や余韻の甘さを知って、コーヒーが好きになっていったそうです。豆はマツモトコーヒーのスペシャルティコーヒー。配合を重ねて作りあげたハッピーブレンドは、まろやかな風味が広がる華やかな一杯。オリジナルドリップパックやカフェオレベース、抽出器具やカップ&ソーサーも販売しています。

DATA
神戸市中央区栄町通4-2-1
山本ビル201
078-361-3048
16:00～20:00
(土・日曜は14:00～18:00)
月曜休み
テーブル8席、カウンター4席
全席禁煙
https://www.facebook.com/happycoffee.kobe/

栄町

▲豆の専門家が試行錯誤の末に作ったスペシャルティコーヒーのアイスと、ぷるんとしたコーヒーゼリー。コーヒーアイス&ゼリー 800円
◀◀カウンター席も落ち着く
◀棚に並ぶカップから、お客さんの雰囲気に合わせて提供

HAPPYなCOFFEEで、みなさまに元気をお届けします！

店主
潟山和代さん

MENU

コーヒー(H/I)	500円
カフェオレ(H/I)	550円
ジンジャーエール	500円
メロンソーダ	500円
バタートースト	300円

パウンドケーキ500円。発酵バターを使って焼き上げ、きめ細かくてしっかりした食感

ACCESS

阪急花隈駅東口より南へ5分。
JR・阪神元町駅西口より南西へ10分。地下鉄海岸線みなと元町駅2番出口より南へ2分

器もすてきな
アイスカフェオレ550円

二人連れのお客さんには、さりげなくテイストを合わせたカップをセレクト

CAFE +
カフェプラス

SWEETS　FOOD

ワークショップ開催日以外は、奥のテーブルも利用できる

昔ながらの町にとけこむ
アットホームでかわいいカフェ

カフェバーやフレンチレストランを経て、バリスタとしても腕を磨いた店主の松木貴美さん。両親が40年近く経営していた美容室を改装し、思い出が残る場所でカフェをオープンしました。

一番人気は、自家製ローストポークのサンド。低温で時間をかけ、オーブンでじっくりと焼き上げたローストポークは、冷たくしてもソフトでジューシー。フレンチ時代にヒントを得た、自慢のオリジナルソースが味を添えます。3時間かけてケーキ型で焼き上げるキッシュは、さくさくとした食感と、しっとり濃厚な味わいが特長。季節なども具材が変わります。定番のケーキは2種類。料理もスイーツも、手間暇かけて丁寧に作られたものばかりです。

DATA
神戸市中央区琴ノ緒町4-7-9
関西ビル103
070-6476-2794
10：00～19：00
(ランチは11：30～14：30)
火曜休み
テーブル4席、カウンター5席
全席禁煙
http://cafepls.main.jp/

三宮

▲ローストポークとズッキーニの玉ネギソースサンド750円。しょうゆベースの特製玉ネギソースが味の決め手
◀◀ライムがさわやかな自家製ジンジャーエール500円
◀濃厚な味わいの自家製ベイクドチーズケーキ500円

「テイクアウトもできますので、お気軽にお立ち寄りください！」

店主 松木貴美さん　スタッフ 島朋世さん

MENU

アメリカーノ（H/I）	450円
エビとアボカドのタルタル大葉ソースサンド	
定番BLTサンド	各650円

※ランチタイムはサラダ、プチデザート付きで700円、セットドリンクは+200円

特製キッシュプレート（サラダまたはスープ付）850円

ACCESS

JR三ノ宮駅東口、阪神・阪急神戸三宮駅東口より4〜6分

カフェラテ530円

ふわふわでかわいいラテアート

café hanabishi
カフェハナビシ

FOOD

レトロな雰囲気のテーブル席。ひとりで訪れる人も多い

電車の音も懐かしさを誘う
高架下カフェでまったり

かつては飲食店が軒を連ねていたJR高架下の2階にある穴場カフェ。町家風の店構えで、木製の大きな看板が目印です。ドアを開けるとカウンターと座敷がある和風のたたずまい。店主正木稚子さんのおばあさんが小料理屋を営んでいた店舗で、先代から70年になります。小料理屋を閉じて数年後に、正木さんが引き継いでカフェをオープン。往年の面影を残す店内には、もらいものだという古いミシンや勉強机、木製冷蔵庫がしっくりとなじんでいます。

人気のランチはメインも小鉢もすべて日替わりで、季節感たっぷり。毎日訪れる人もいるので、和洋中いろいろ、あっさり味からしっかり味まで、変化を持たせたメニューを心がけています。

DATA
神戸市中央区北長狭通1-32-6
高架下2階
090-8791-3689
12:00～21:00
日・水曜休み
テーブル10席、座敷6席
禁煙席なし

三宮

▲日替わりランチ900円(コーヒー付)。この日のメインはザワークラフトのポトフ。玉子かけごはんセットや玉子の味噌汁の追加は各100円
◀◀ハンドドリップコーヒー
◀朝夕それぞれ常連さんが訪れるソファー席は「予約席」

ゆるーく続けてきて今年で13年です。のんびりしに来てくださいね。

店主
正木稚子さん

MENU		
コーヒー		400 円
紅 茶		400 円
カフェラテ		550 円
ティーラテ		550 円
キャラメルミルク		600 円

ショコラミルク　600円

ACCESS

JR三ノ宮駅西口、阪神・阪急神戸三宮駅より3〜5分

お母さん手作りのジャムやピクルスを受注販売

店内の一角にぴったりと収まる古い木製冷蔵庫

25

Y's coffee roaster
& baked shop
ワイズコーヒーロースターアンドベイクドショップ

SWEETS　FOOD　TAKEOUT

焙煎機がどっしりと鎮座する温かみのある店内

駅直結のコーヒーショップで
朝の1杯を味わいたい

花隈駅の階段を上がったところにあるコーヒーショップ。ガラス張りの扉の奥に大きな焙煎機が見えます。存在感のある焙煎機は、鋳物の窯で蓄熱性が高いオランダ製のギーセン。深煎りが好きなオーナーの吉永俊孝さんが、遠赤外線でじっくりと豆の中心から火が通る、この焙煎機を選びました。

メニューは、本日のコーヒーと産地別の豆が約10種類。もちろんすべて自家焙煎で、中深煎りから深煎り。豆によってはフルーティーなものもありますが、全体的に重みのある味わいが特徴です。1種類のみのフードメニューは「こだわりのホットドッグ」。特別に焼いてもらうソフト系のパンに太めのソーセージをはさみ、食べごたえたっぷりです。

DATA
神戸市中央区花隈町3-3　1階
078-599-8176
7:30〜19:00（土日・祝日は12:00〜）
金曜休み、月1回不定休
テーブル18席
全席禁煙
https://ys-coffee-roaster.shopinfo.jp/

花隈

▲本日のコーヒー 370円〜。焼菓子は日替わりで、マフィンやスコーンなどが並ぶ
◀◀オランダの職人さんが一つひとつ作る、オーダーメイドの焙煎機
◀なんとなくレトロな雰囲気で居心地のいいテーブル席

苦いだけじゃない深煎りを味わってみてください。きっと満足していただけると思います。

オーナー
吉永俊孝さん

MENU

コーヒー	370円〜
ラテ	420円
チョコレートラテ	430円
紅 茶	390円
こだわりのホットドッグ	430円

濃厚チョコレートブラウニー 370円、しっとりアメリカンチョコレートクッキー 200円

ACCESS

阪急花隈駅東口より直結

ハンドドリップで
丁寧に淹れる

コーヒー豆やドリップパックも販売している

グリーンハウスシルバ

SWEETS　FOOD　ALCOHOL

どの席からも森が望め、街中にいることを忘れそう

緑に囲まれてリフレッシュできる
都会の中のオアシス

三宮の駅前、神戸の中心地に別世界のような森が現れます。建ち並ぶビルの狭間に建物を覆いつくすように青々と茂る木々は、アスファルトをはがして木を植えた当時には2階に届くほどの高さだったのが、今では3階を軽々と超えるほどに大きくなりました。その森の中に一歩足を踏み入れると、看板犬の虎吉が出迎えてくれます。

ランチは開店時間の11時からスタート。日替わりのプレートやパスタのほか、ごはん類やサンドイッチのレギュラーメニューなど、各種そろいます。スイーツやドリンク、アルコール類も豊富にラインナップし、暗くなるとライトアップされる幻想的な雰囲気の中で、ゆったりと夜カフェも楽しめます。

DATA
神戸市中央区琴ノ緒町5-5-25
078-262-7044
11：00～24：00
無休
テーブル98席
全席禁煙
http://www.green-house99.com

三宮

▲ 懐かしくて人気のメニュー、昭和オムライス。スープとサラダが付いて950円
◀◀ メイプルシフォンケーキ580円。プラス290円でドリンクセットにできる
◀ 爽やかな風と緑があふれ、森の中にいるような店内

「光・風・緑」がコンセプトのカフェです。ゆっくりしてください。

MENU

ブレンド	500 円
アールグレイ	500 円
日替わりランチ	各880 円
チキンとブロッコリーのクリームパスタ	1,130 円
ミラノ風カツレツサンド	1,000 円

おとなしい看板犬の虎吉は、ベンチで順番を待つお客さんのアイドル

ACCESS

JR三ノ宮駅、阪神・阪急神戸三宮駅より北へ3〜5分

木々の中を通り抜けてドアへと続く

温室のような雰囲気の1階

29

TORITON CAFÉ
KOBE KITANO

トリトンカフェ コウベキタノ

SWEETS　FOOD　ALCOHOL

チャーチチェア、テーブルなど、アンティークの家具でそろえた店内

異人館めぐりで立ち寄りたい
神戸のシンボル的カフェ

北野坂沿いにある人気カフェ。オープンから20年近く、神戸のパイオニア的カフェとして存在感を放っています。神戸を象徴する風景が見える北野坂に面した窓に向かって並ぶカウンターや小さなテーブル席もあります。

ランチメニューは、本日のメインランチ、本日のパスタランチ、キッシュロレーヌなどがあり、デザートはベイクドチーズケーキ、クレームブリュレなどがラインナップ。15時以降には、注文を受けてから1枚1枚丁寧に焼き上げるパンケーキが味わえます。また、夜もしっかり食べてほしいと、18時から夜ごはんメニューを提供。キッシュプレートやパスタ、メインプレートなど、バランスよく楽しめます。

DATA
神戸市中央区中山手通1-23-16 2階
078-251-1886
11：30〜17：00LO、
18：00〜21：00（20：00LO）
不定休
テーブル50席、カウンター7席
全席禁煙
http://www.triton-cafe.jp/

北野

▲本日のメインランチ
1,200円〜。煮込みハンバーグはボリュームたっぷり
◀◀カウンター席から見る北野坂は、神戸らしい風景
◀2017年に改装した入って右側のテーブル席も明るくてゆったりしている

ゆったりした空間で、手作りの料理やデザートを楽しんでください。

マネージャー
田村晋一さん

MENU

パンケーキ各種	880円〜
焼菓子各種	630円〜
ランチ	1,150円〜
ディナーセット	1,600円〜

しっかり焼き上げた生地に、イチゴがたっぷり。苺のタルト730円

ACCESS

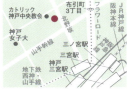

JR三ノ宮駅、阪神・阪急神戸三宮駅より北野坂を北へ8〜10分

苦楽園のタオカコーヒーの豆を使用。ホットコーヒー540円

カウンターや小さなテーブル席もあり、ひとりでもゆっくりできる

KIITO CAFE
キイトカフェ

SWEETS FOOD

検査機械の上部ダクトの左右にスピーカーを設置。
パイプの中から音楽が流れてくる

歴史が刻まれた建物で
神戸ならではのカフェタイム

デザインクリエイティブセンター(KIITO)1階にあるカフェ。1927年に建設された神戸市生糸検査所跡に開館し、広々としたカフェスペースには生糸検査所の検査機械や家具などが当時のまま残っています。窓側にずらりと並ぶのは、生糸の水分検査をする機械。レトロなオブジェのようなこれらをハイテーブルとして使用しています。

現在は北区の野菜直売所＆レストラン「はっぱや神戸」が運営し、店内では新鮮な野菜も販売しています。木～土曜の週替わりランチは、メインのほか野菜中心の副菜3～4品と三彩米のごはんをワンプレートで提供。火曜はオムライス、水曜はパスタのランチが週替わりで登場します。

DATA
神戸市中央区小野浜町1-4
078-599-9199
11：30～18：30
(土曜は～14：30)
月曜休み、日曜・祝日不定休
テーブル40席
全席禁煙
http://kiito.jp/

三宮

▲新鮮な野菜がたっぷりの週替わりランチ750円。ドリンクセットは+200円
◀◀生糸検査所当時の機械をテーブルに使うなど、ほかにはない空間
◀ゆったりとしたソファーや机なども昔のまま

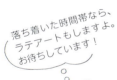

落ち着いた時間帯なら、ラテアートもしますよ。お待ちしています！

店長
上田卓也さん

ACCESS

JR三ノ宮駅、阪神・阪急神戸三宮駅よりフラワーロードを南へ20分。地下鉄海岸線三宮・花時計前駅、ポートライナー貿易センタービル駅より南へ10分

MENU

コーヒー	350円
紅 茶	350円
週替わりランチ（11:30〜14:30）	750円
KIITO カレー	800円
今週のパスタ（13:00〜）	800円

スコーン（プレーン＆アールグレイ）350円

ラテアートがかわいらしいカフェラテ450円

スーパーなどで見かけることの少ない野菜も並ぶ。店内では野菜や食に関するイベントも開催

33

CAFE KESHiPEARL
カフェケシパール

◦SWEETS　◦ALCOHOL

すべて手作りで「生活のすべてがこのカフェ」
という二人の愛着が伝わる店内

チーズケーキとコーヒー、そして空間
自分だけの静かな時間を過ごしたい

テーブルや椅子をはじめ、床などの内装もすべて自分たちの手で作り上げ、楽しみながらすてきなカフェにしていきたいと夫婦二人でオープンして7年。100種類を超えるチーズケーキは生地から焼き方まですべて違い、定番プラス気まぐれで常時3種類ほどを準備しています。「このケーキにはどのコーヒーが合う？」とよく聞かれることから始まった「チーズケーキと珈琲のマリアージュ」は、選んだチーズケーキと相性のいいコーヒーを提供します。金・土曜の夜には会話禁止で自分だけの時間を過ごす「静カフェ」を実施。また、同じビルの9階にオープンした大人の雰囲気の2号店は、さらにケシパールの魅力を凝縮した空間です。

DATA
神戸市中央区御幸通6-1-25
ももの木三宮ビル2階
078-203-1396
13：00〜20：00（金・土曜の
20：00〜22：00は「静カフェ」）
水曜休み
テーブル16席、カウンター 5席
全席禁煙
http://www.cafe-keshipearl.com/

三宮

▲4種類のチーズを使った定番のザ・チーズケーキ
◀◀アッサムミルクティのレアチーズ。コーヒーは常時6種類以上の豆を用意し、ハンドドリップで淹れる
◀家具や床、天井など、隅々までこだわりを感じる

MENU

ブレンドコーヒー	560円
カフェラテ	580円
気まぐれチーズケーキ	各420円
チーズケーキと珈琲のマリアージュ	960円〜

優しい気持ちになれるような、静かで温かい雰囲気を大切にしています。

オーナー
西山達也さん
名都子さん

バナナココアの
ベイクドチーズ 420円

ACCESS

JR三ノ宮駅、阪神・阪急神戸三宮駅より南東へ3〜5分

アールグレイの
チーズスフレ 420円

静かで落ち着く温かみのある店内

35

giggi
ジッジ

「好きなものに囲まれて、主張しすぎず落ち着いた雰囲気に」とオーナーの白井清治さん

ランチもディナーもスイーツもおまかせ
一つひとつ丁寧に作る料理が楽しめる

オープンから10年目を迎えた人気のカフェ。マンションの1階とは思えない小さな門があるかわらしい店構えです。30〜40年前のヨーロッパの食器、タバコや調味料の古い缶など、好きで買い付けたというあれこれが飾られたレトロで温かみのある雰囲気です。

店内では終日食事メニューが注文でき、遅めのランチやディナーにもOK。定番人気の鶏料理7種類のほか、オムライスやパスタ、タコライスや牡蠣グラタンなど季節の料理がそろい、メインとドリンクはそれぞれ15種類ほどから選べます。不動の人気メニュー、フレンチトーストはバゲットを使ってカリッと焼き上げるのが特徴。フードメニューとセットでお得に注文も可能です。

DATA
神戸市中央区北長狭通4-6-3
林マンション1階
078-321-0663
11:30〜21:00
(20:00LO)
水曜休み（祝日は営業）
テーブル20席
全席禁煙

元町北

▲鶏もも肉のローストいちじく風味のバルサミコソースに、前菜、ライス、ドリンク付きで1,500円
◀◀レトロで落ち着いた雰囲気に作り上げた店内
◀好きなものを買い集めたという食器や雑貨類が並ぶ

詳しい情報は毎日更新される@giggi.instaでチェック！

オーナー
白井清治さん

MENU

前菜・メイン・ドリンク　　　　1,500円〜
　フードとスイーツのセットは+ 500円
ケーキセット（15:00 〜 18:00）　1,000円
giggi セット（17:00 〜）　　　　1,500円
（鶏肉料理＋フレンチトースト＋ドリンク）

バゲットのフレンチトースト
単品700円（ワンドリンク制）

ACCESS

JR・阪神元町駅より北へ5分

牛ばら肉と玉ねぎのオムライス
デミグラスソース

凝ったデザインの照明から照らされるやわらかい光が印象的

BO TAMBOURiNE CAFE
ボ・タンバリンカフェ

・SWEETS ・FOOD ・ALCOHOL

開放感のある店内では、月1〜2回アコースティックライブなどのイベントを開催

カジュアルに楽しめる陽気なアメリカンダイナー

アメリカ南部のダイナーをイメージした店内は、天井が高く開放的な雰囲気。旅行先で食べた本場の味を再現した料理を中心に、メキシコ寄りのアメリカ料理が楽しめます。

ハンバーガーは6種類。大きなパテは肉をこねて直接作り、レタスやトマトなどの野菜が入ってボリュームたっぷりです。チェダーチーズを加え、特製チリをトッピングしたチリバーガーが一番人気。ほかにも豚のスペアリブを焼き上げたバーベキューポークリブやニューオーリンズの煮込み料理ガンボスープなど、パンチのきいたメニューがそろいます。トッピングが選べるパンケーキなど、スイーツメニューも充実しています。

DATA
神戸市中央区北長狭通3-3-7
JK CROSS 1階
078-332-2778
12:00〜24:00（フード23:00LO、ドリンク23:30LO）
不定休
テーブル24席、カウンター4席
全席禁煙
http://bo-tambourine.com/

元町北

▲特製チリをトッピングしたチリチーズバーガー 1,100円。フライドポテトもたっぷり
◀◀カジュアルな雰囲気で開放感あふれる店内
◀温かいブラウニーにバニラアイスをトッピング。チョコレートブラウニー 500円

周辺に雑貨屋さんや服屋さんがたくさんあるので、お買い物の合間にぜひ。

オーナー
中原明子さん

MENU	
チーズバーガー	950 円
チリチーズドッグ	1,000 円
チキンサンドイッチ	1,000 円
ニューヨークチーズケーキ	500 円
イタリアンソーダ	500 円

ピンクレモネード
530円

ACCESS

JR・阪神元町駅東口より北東へ5分

アイスクリームとミルクで作るミルクシェイク 700円〜

ゆったりとしたテーブルの配置で、広々感をキープした店内

calas
カラス

壁も床も白で統一したナチュラルでシンプルな店内。
2018年4月に同ビル、同フロアに移転リニューアル

シンプルで心地よい空間で
心も体もほっこり

オペラ歌手のマリア・カラスから命名した店名。そして、店内をあえて白で統一したのが店主の三好卓さんのおもしろいところ。「お客さんの思考を妨げないように、また自分の好みを押しつけないように、極限までシンプルに店を作りました」と話します。

おすすめは、たっぷりのマッシュルーム、オニオンコンフィ、ジャガイモで作った完全無添加の「マッシュルームのポタージュ」。やさしい味のスープが心と体にしみこむようです。そのほか、スイーツ類もできるかぎり、オーガニックの食材を使っています。

店内には、アイテムにこだわらない楽しい雑貨がずらり。月に約2週間、企画展も開催しています。

DATA
神戸市中央区元町通2-7-8
元町防災ビル2階
078-599-9955
11:30〜19:30
水曜、第3・4木曜休み
※臨時休業あり。HPで要確認
テーブル8席、カウンター3席
全席禁煙
http://calas-kobe.com

元町

▲マッシュルームのポタージュセット950円。トースト、本日のくだもの、さくさく生キャラメル付
◀◀関西を中心とした作家作品も店の一角に並ぶ
◀カウンター席に座ると、三好さんとの会話を楽しめる

ぼんやりしたり、集中したり、ぜひくつろぎに来てくださいね。

店主
三好 卓さん

MENU

トーストサンドイッチ	各 700 円
カフェノマール / カフェブランダ	各 450 円
オレンジペコー	500 円
バナナケーキセット	800 円〜
calas スパイスティー	600 円

国産無農薬レモンとドライミントを使った自家製レモンミントソーダ600円

ACCESS

JR・阪神元町駅西口より南へ3分

「サクサク生キャラメル」
7コ入り500円

ネックレスやピアスなどアクセサリーも豊富に並ぶ

41

Gâteaux Favoris
ガトー・ファヴォリ

SWEETS　TAKEOUT

焼菓子が並ぶテーブルの奥に、テーブル席と窓に面したカウンター席がある

ていねいに作られたお菓子と
おいしい紅茶を楽しむひととき

栄町の代表的なレトロビルディングにあるカフェ&焼菓子のお店。店内で作る有機小麦粉や無農薬・無添加のオーガニック素材を使ったスイーツが並びます。フランス産クリームチーズをたっぷり使った蒸し焼きのチーズケーキ、スフレ・フロマージュが定番人気。ほかにも日替わりでタルトやケーキが各2〜3種そろいます。イートインのおすすめは「お茶とお菓子のセット」は、スフレ・フロマージュと本日のタルト（各ハーフサイズ）、本日のお菓子、プリン、アイスクリーム&ソルベから選んだ3つとドリンクのセット。紅茶は芦屋・ウーフなどの茶葉を使い、ポットサービスで提供、落ち着いた雰囲気の中で、ゆっくりできます。

DATA
神戸市中央区栄町通3-1-7　2階
078-599-9208
12：30-19：00 (LO18：00)
月・火曜休み、不定休
テーブル8席、カウンター 8席
全席禁煙
http://gateauxfavoris.com/

栄町

▲「お茶とお菓子のセット」1,200円。10種類から選んだお菓子3種類とお茶のセット
◀◀昔ながらの味と食感が人気のプリン。300円
◀窓からやさしい日差しが入る、ゆったりとしたカフェスペース

なるべく素材にこだわって作ったお菓子です。ひとりでも気軽にどうぞ。

オーナー
平崎直子さん

MENU

コーヒー（ドリップまたはフレンチプレス）	500円〜
紅茶	600円〜
スフレ・フロマージュ	450円
本日のタルト	450円
本日のお菓子	400円〜

オーガニック素材で作る焼菓子が各種

ACCESS

JR・阪神元町駅西口より南へ5分。地下鉄海岸線みなと元町駅2番出口より南東へ3分

お店の名前が入ったバターサブレ150円

ひとりでもゆっくりできるテーブル席やカウンター席

43

ROUND POINT CAFE
ラウンドポイントカフェ

SWEETS　FOOD　ALCOHOL　TAKEOUT

奥行きのある1階にはアイランドカウンターを設置。
フロア全体が見渡せ、開放感がある

1日の始まりから終わりまで
自分の時間を過ごせるカフェ

オーナーの梅谷周平さんがこのお店をオープンしたのが2014年。個人の時間を楽しみながら会話が生まれる出会いの場として、開放感のある空間づくりに力を入れてきました。当初から思い描いていた「コミュニティーに溶け込んだコーヒーショップ」として、リピーターの多い人気店になっています。

コーヒーは自家焙煎のスペシャルティ。それぞれストーリーのあるコーヒーで、売り上げの一部を途上国で活動するNGO団体に寄付しています。

平日は朝7時からオープンし、バランスのよいモーニングで1日をスタート。週末はブランチをゆっくり楽しめます。海外のお客さんも多く訪れるので、運がよければ異文化交流ができるかも。

DATA
神戸市中央区栄町通4-2-7
078-599-9474
7：00～21：00（土・日曜は10：00～）
月曜休み
テーブル20～24席
全席禁煙
http:// roundpointcafe.com

栄町

▲週末の11:00〜15:00はブランチを提供。フルーツグラノーラヨーグルトなど、バランスも◎。1,200円（ドリンク付）
◀◀モーニング400円（ドリンク別）。バランスよく朝食がとれる人気メニュー（〜10:00）
◀2階テーブル席

過ごしやすい空間づくりを心がけています。気軽にお立ち寄りください。

代表
梅谷周平さん

MENU		
ドリップコーヒー	S	370 円
カフェラテ（H/I）	S	390 円
自家製グラノーラ＆ヨーグルト		300 円
グリルドチーズサンド		450 円
サンドイッチプレート		800 円

コーヒー豆も販売。ギフト用にオリジナルパッケージでのドリップパック製造も可能

自家製グラノーラ
400円

自家製NYチーズケーキ450円

ACCESS

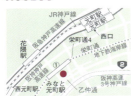

阪急花隈駅東口、阪神西元町駅東口より南東へ5分。JR元町駅西口より南西へ8分。地下鉄海岸線みなと元町駅2番出口より南へ2分

cafe yom pan
カフェヨムパン

SWEETS　BREAD　TAKEOUT

カウンター5席とテーブル2席の2階は、長居したくなる居心地のよさ

「本と珈琲とパン」の看板通り
おいしくてくつろげるカフェ

1階は焼菓子やパンが並ぶカウンターとキッチン、2階にカウンター席とテーブル席、3階には本棚とちゃぶ台のようなテーブルがあり、靴を脱いでくつろげます。棚に並ぶ本は、店主のお気に入りだったり、コーヒーを飲みながら気軽に読んでみてほしい本だったり。プライベート感覚の店内は、居心地がよすぎてつい長居をしてしまいます。

ランチタイムには自家製パンで作るサンドイッチプレートが、定番2種類と季節のサンド1種類。季節のサンドは毎月20日頃に変わり、肉や魚に旬の野菜などをプラスして、珍しい組み合わせを考えます。オープンから12時までのモーニングは自家製フォカッチャのサンド。こちらもおすすめです。

DATA
神戸市中央区北長狭通7-1-14
078-371-1289
10：00～17：30LO
(ランチは12:00～売切れ終了)
火曜、第1・3水曜休み
テーブル6席、カウンター5席
全席禁煙
https://www.facebook.com/cafeyompan/

46

花隈

▲自家製ローストポークとリンゴの蒸し煮、カマンベールチーズの定番サンドプレート。セットドリンク200円引き
◀◀壁面に収まる本棚にたくさんの本が並ぶ3階
◀コーヒーは豆本来の味と香りを感じるフレンチプレスで

ゆっくり本を読んだりコーヒーを飲んだり。のんびりしに来てくださいね。

オーナー
藤原崇哉さん

MENU

コーヒー	400 円
カフェオレ	450 円
キャラメルフレンチトースト	400 円
サンドプレート	800 円
モーニング（ドリンク付）	500 円

モーニングのフォカッチャサンドは豆ツナと鶏むねの2種類からチョイス

ACCESS

阪急花隈駅西口、阪神西元町駅東口より3分

本日のケーキ400円。
写真はベイクドチーズケーキ

3階はテーブルひとつ。靴を脱いでゆっくりできる

mahisa 元町店
マヒシャもとまちてん

窓からの景色を眺めながら、紅茶の香りと味が楽しめる

暮らしの中でも味わいたい
香り高い上質の紅茶

神戸の紅茶専門店として草分け的なお店。「ひとりでも気軽に紅茶を楽しんでほしい」と、小さなテーブル席がたくさんあります。大きな窓からたっぷりの光が入る、明るく広々とした店内には、外を眺めながらゆったりと紅茶を楽しむ一人客の姿も多く見られます。

新鮮な茶葉は、インドやネパール、スリランカなどの産地から。常時13～14種類がそろいます。ミルクをたっぷりと入れて飲みたい濃厚な紅茶が特徴で、しっかりとした味や食感のタルトなど、スイーツも濃い紅茶に合わせてセレクト。タルトやスコーンなど3種類と今月のポットティーがセットのアソートプレート（平日のみ）は、たっぷりの紅茶とスイーツが楽しめて人気です。

DATA
神戸市中央区三宮町3-2-2
伊藤ビル2階
078-332-7590
11：30～20：00
不定休
テーブル28席
全席禁煙
http://www.o-cha-ya.com/

元町

▲今月のポットティー600円。ミルクをたっぷり加え、3杯ほど楽しめるのもうれしい
◀◀壁の本棚には、インドや各地の旅行書などが並ぶ
◀古いものが好きというオーナーのアンティークコレクションもディスプレイ

コーヒーは置いていませんが、紅茶のセレクトで悩んでみてくださいね。

代表
松浦将年さん

MENU

アッサムストロング	690 円
ダージリン	720 円
ロイヤルミルクティー	630 円
スコンクラシコ、ベリーのタルト	530 円〜
（セット 1,050 円〜）	

ハーフサイズのケーキ2種とスコーンなどのセット、アソートプレート680円（セット1,100円）

ACCESS

JR・阪神元町駅東口より南へ3分。地下鉄海岸線旧居留地・大丸前駅2番出口よりすぐ

店内で飲める紅茶は、おいしいいれ方の説明書付きで全種類販売している

窓に面したテーブル席や、とっしたソファー席などゆったり

cafe.shuu
カフェシュウ

·SWEETS ·FOOD ·ALCOHOL ·GOODS

雑貨が並ぶ入口を入ると、
店内はアンティーク調で落ち着いた雰囲気

アンティークなくつろぎ空間で
ゆっくり楽しむスイーツ＆雑貨

雑貨屋さんやケーキ屋さんで仕事をしていたことから、2つをミックスした自分のお店をもちたいと計画したオーナーの野村周代さん。この場所にオープンして10年以上が過ぎました。落ち着いた雰囲気の店内には、休日は雑貨屋さんめぐりをしているという野村さんセレクトの雑貨がぎっしり並びます。オリジナルスイーツも温かさが伝わるものばかり。シフォンケーキのフレンチトーストは、卵黄と生クリームを染み込ませたシフォン生地で作り、ふんわりしっとりとした仕上がり。小麦粉を使わず濃厚なチョコレートが堪能できるガトーショコラやフルーツをトッピングした紅茶のブリュレなど、どれも心惹かれるスイーツばかりです。

DATA
神戸市中央区中山手通1-23-10
モンシャトーコトブキ1階
078-271-2715
12：00頃〜20：00頃
不定休
テーブル17席、カウンター 3席
土日・祝日のみ18時まで全席
禁煙

北野

▲シフォンケーキのフレンチトースト850円。注文ごとにひとつずつ作るので、焼き上がるまで約30分
◀◀ホットコーヒーは耐熱ガラスのカップで。500円
◀さっぱりしておいしい。うめカクテルティー 700円

落ち着いた雰囲気づくりをしています。時間を忘れて過ごしてください。

オーナー
野村周代さん

MENU		
ハニージンジャーティー		650円
バラの花茶		750円
日替わりホットサンド		900円
絵本の中のパンケーキ		850円
ホットワイン		700円

キャラメリゼした表面をスプーンで割ると、中は凍った状態の紅茶のブリュレ。不思議な食感と濃厚な紅茶の味がマッチ。650円

ACCESS

JR三ノ宮駅、阪神・阪急神戸三宮駅より北野坂を北へ8〜10分

しっかりとした味わいの半生ガトーショコラ650円

スイーツができあがるまで、雑貨を見るのも楽しい

niji cafe
ニジカフェ

SWEETS · FOOD · ALCOHOL · GOODS

昔のヨーロッパを意識した店内。
ユーズドの家具やハンドメイドの棚が優しい風合いに。

やさしい味とほっこり空間
身も心もすっかり虹色に

「人が気軽に集まれる場所を作りたい」とオープンしてからすでに11年。店主の福間潤一さん、かおりさん夫妻のオープン当初から変わらぬ自慢の、季節の野菜や太陽の恵みをたっぷり受けた乾物など、体にやさしい素材や調味料を使って作る家庭料理やスイーツです。調理担当のかおりさんは、「肉2：野菜8の割合でバランスのいい料理を心がけています」と、にっこり。

人気の「スコーンセット」は、全粒粉を20％配合した国産小麦粉、きび砂糖などを使用します。

音楽が縁で知り合った2人が、ともに大好きな曲からの店名。毎年恒例の「アコースティックフェスティバル」に参加し、音楽仲間との交流も深めています。

DATA
神戸市中央区下山手通4-1-19
西阪ビル2階
078-392-5680
12：00～20：00（日・祝日は～19：00、各30分前LO）
火曜（祝日は営業、翌日休）、
第1・3・5水曜休み
テーブル14席、カウンター6席
全席禁煙
http://nijicafe.com/

元町北

▲週替わりのランチ900円。メインにお惣菜2品と古代米入り玄米ごはんが付く
◀◀スコーン2個にドリンクが付くセット850円
◀窓際のカウンター席とは少し趣が違う西側のテーブル席

うちで、フェアトレードのドリンクを飲んで、知らないうちに国際貢献してほしいですね。

店主
福間潤一さん
かおりさん

MENU	
12種のスパイスのベジタブルトマトカレーセット（ランチ）	900円
夜ごはんセット（飲み物付）	1,200円
クロックムッシュセット	950円
オーガニックブレンドコーヒー	500円

自家製ジンジャーエール 600円

かおりさん手作りのアクセサリーも並ぶ。パールを使ったものや虹色のものなど多彩

ACCESS

JR・阪神元町駅東口より鯉川筋を北へ3分

店名は、2人が大好きな曲、電気グルーヴの『niji』から

cafe&bar anthem
カフェ＆バー アンセム

SWEETS　FOOD　ALCOHOL

店内では定期的にバロック音楽のコンサートも開催している

非日常のひとときが過ごせる
センスあふれる空間

古い雑居ビルの階段を4階まで上がると、レトロなドアの向こうは温かみのある空間。白を基調とした店内は「異国に来たような雰囲気」がコンセプト。静かに流れるバロック音楽が、さらに雰囲気を際立てます。昼間は窓から入る明るい日差しに揺れ、夜はやさしい光の照明がほのかに揺れ、どの時間帯に訪れても、日常から少し離れ、すてきな大人の時間が過ごせます。

キッシュ・ロレーヌとスープ、サラダ、オードブル、自家製パンのキッシュランチは人気メニュー。テリーヌやタルティーヌなど、夜はワインやカクテルをはじめとするアルコールと楽しみたい一品がそろいます。自家製スコーンは、テイクアウトも可能です。

DATA
神戸市中央区海岸通2-3-7
グランディア海岸通4階
078-771-4914
11：30～23：00（22：00LO)
水曜休み
テーブル20席、カウンター 5席
カウンターのみ喫煙可
http://anthem-kottabos.com/

栄町

▲軽井沢にあるアトリエフロマージュのチーズを使ったさっぱりした酸味のレアチーズケーキ。550円
◀◀窓に面したテーブル席は、昼と夜で違う雰囲気
◀カウンター席もあるので、ひとりでもゆっくりできる

昼も夜もくつろいでいただけます。ゆっくりしに来てください。

オーナー
大田誠さん

MENU		
コーヒー		550 円
キッシュランチ		1,000 円
パスタランチ		1,100 円
ディナーセット		2,100 円
ランチ 11:30 ～ 15:00、ディナー 15:00 ～ 22:00		

テイクアウトOKの
自家製スコーン450円

ACCESS

JR・阪神元町駅東口より南へ6分

テーブルに置かれた小さな
照明もいい雰囲気

ドア越しに見える店内は、
どこか外国のよう

KOKOSICA
ココシカ

・SWEETS ・BREAD ・TAKEOUT ・GOODS

ベーグル＆デニッシュ、雑貨が並ぶ1階。
2階にもカフェスペースがある

焼きたてのベーグル＆デニッシュを
ランチやセットで楽しめる

キュートなシカのキャラクターが目印のお店は、「ここにしかない」からココシカ。デニッシュ好きのご主人とベーグル好きの奥さんが、二人で始めたお店です。店頭に並ぶパンはデニッシュとベーグルのみで、30種類の中から常時20種類ほどがラインナップ。

人気のココシカランチは、あったかスープにベーグル1個とデニッシュ一切れ、サラダと一品、プチデザートのセット。ランチを逃しても、デニッシュ2枚にアイスとドリンクが付くデニッシュセットが楽しめます。店頭のベーグルをチョイスしてイートインもOK。

店内には、ちょっとレトロな食器類や作家さんの作品、オリジナルキャラクターグッズなど、雑貨もたくさん。

DATA
神戸市中央区栄町通3-2-16
078-771-0606
10:00～19:00
月・火曜休み（祝日は営業、翌日休）
テーブル26席
全席禁煙
http://www.kokosica.com/

栄町

▲ココシカランチ700円。ベーグル＆デニッシュとスープ、サラダなどを日替わりで。ランチは11:30〜売り切れ次第終了
◀◀不思議な造りの2階は、雨音の響きが心地いい
◀ブレンドコーヒー 350円

MENU	自家製ハチミツレモンジンジャー	500円
	チーズケーキ（ベイクド or レア）	350円
	和のデニッシュセット	600円
	ベーグル	1個 100円〜
	デニッシュ	1品 400円〜

ベーグル＆デニッシュ、焼けてます。ぜひお立ち寄りください。

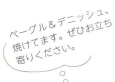

オーナー
山岸達也さん
知子さん

アイスと地元大倉山のハチミツをトッピングしたデニッシュセット600円（コーヒーまたは紅茶付）

ACCESS

阪急花隈駅東口より南東へ6分。JR・阪神元町駅西口より南西へ7分。地下鉄海岸線みなと元町駅2番出口より南へ2分

カラフルでかわいいココシカ缶バッジ 350円

もちもちのベーグル。一番人気はクランベリー＆クリームチーズ

57

カフェ豆茶
カフェまめちゃ

SWEETS ・ FOOD ・ TAKEOUT

木×ホワイトを基調にした店内。壁の絵は、バリのウブドで買い付けてきたもの

お豆のおいしさ実感
ヘルシーも自慢です

毎日の健康づくりに役立つ優れた栄養がバランスよく含まれている豆。そんな「豆」をコンセプトに、食事からドリンク、デザートにまで様々な形で「小さなお豆に秘められた大きな力」を伝えています。

フードで人気は2種類ある週替わりの丼セット。丼以外のカレーやキッシュにも日替わりでいろいろな豆を使用しています。いずれもサラダとお吸い物付きで、野菜もたっぷり。「ヘルシーでバランスのとれた食事をとっていただきたい」と、店主の寺口亜也子さん。デザートでは、この店ならはの「はらロールケーキ」を季節のデザートで仕上げたデザートロールが一番のおすすめです。

DATA
神戸市中央区元町通2-4-8
はらビルヂング2階
078-392-1582
11：00～19：00（18：30LO)
無休
テーブル24席、カウンター 6席
全席禁煙

元町

▲紫芋とホットりんごのデザートロール890円。ドリンクセットで1,180円
◀◀やさしくクリーミーなアワアワにほっこり癒される抹茶のソイラテ620円
◀長居をしてしまいそうな奥の4人がけのテーブル席

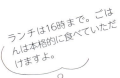

ランチは16時まで。ごはんは本格的に食べていただけますよ。

MENU

コーヒー	470 円
ホットティー/やぶきた紅茶	520 円
りんごジュース	520 円
ゆずハチミツソーダ	620 円
はらロール	400 円

ステップに数字が書かれたおしゃれな階段を上がって2階に

ACCESS

JR・阪神元町駅西口より南へ3分

約10種類のなかから、その日のメニューに使う豆を、カウンターに出して紹介

看板犬のフレンチブルドッグのユマが時々お出迎えすることも

59

kaffe,antik markka
カフェアンティークマルカ

SWEETS　GOODS

窓に面して3つのテーブルがあるカフェスペース

北欧のアパートメントをイメージした
ヴィンテージ食器＆雑貨、カフェ空間

北欧で買い付けたヴィンテージ食器や雑貨がぎっしり。カフェスペースでは実際に北欧食器を使ってセッティングされ、その魅力を直接感じることができます。カフェのメニューはお菓子やパンを作るのが大好きな店長の田村文子さんが、北欧で食べ歩きをしたり友達に教えてもらったりしながら、新しい情報を取り入れて考案します。

人気メニューの自家製シナモンロールは、カルダモンがたっぷりきいた北欧の味。徳島県の自家焙煎アアルトコーヒーの深煎りブレンドとの相性もぴったりです。冬はサーモンスープ、春はスウェーデン菓子のセムラ、夏はベリーとルバーブのワッフルなど、季節ごとに変わる北欧のお菓子も楽しめます。

DATA
神戸市中央区山本通3-1-2
谷口ビル2階
078-272-6083
11：00～19：00
水・木曜休み（祝日は営業）
テーブル10席
全席禁煙
http://markka.shop/

北野

▲カルダモンたっぷりのシナモンロールとコーヒーのセット。シナモンロールは土曜のみテイクアウトも可能
◀◀ベリージャムをトッピングした、ほろほろした食感のハッロングロットル
◀北欧の食器などが並ぶ

MENU
ブレンドコーヒー　　　　　　　　540円
フレーバーティー　　　　　　　　540円
シナモンロールとコーヒーのセット810円
クッキー　　　　　　　　　　　248円〜

「うさぎ山ごんぞう」が、インスタグラムでマルカの情報を発信中です！

アルヴァーブレンド
(ホットコーヒー)
540円

ホットドリンクはカフェ用食器棚からカップを選べる

ACCESS

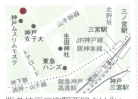

阪急神戸三宮駅西口より北へ10分。JR三ノ宮駅、阪神神戸三宮駅より北へ12〜15分

オリジナルボックスに焼菓子2種とセーデルブレンド30gをセット。マルカの焼菓子BOX 1,728円

61

のわのわカフェ

落ち着いた雰囲気の店内。
地下は1人1時間500円（ワンドリンク付）で借りられる

夜にもバランスのいいごはん＆
おいしいスイーツが食べられるカフェ

夕方から夜中まで、お店が開いている時間はドリンクやアルコールをはじめ、スイーツやごはんものまで何でもOKの夜カフェ。2017年にすぐ近くに移転し、少し広くなりました。オーナー丹羽実沙恵さんのモットー、「お客さんの要望に寄り添いながら、居心地のいい空間づくり」は変わらず、移転後は平日のみ「のわのわsassaのリゾット屋」の名前で、兵庫区でイタリアンレストランを営むご主人がリゾットオンリーでランチ営業も。本格的なリゾットランチがドリンク付きで楽しめます。

地下にもスペースがあり、ライブやパーティーのほか、ワンドリンク付きの時間貸しプランなら、少人数のワークショップなどでの利用も可能です。

DATA
神戸市中央区加納町3-12-13
浜川ビル1階
050-1079-4301
16:00〜翌3:00
不定休
テーブル16席、カウンター7席
禁煙席なし
https://www.facebook.com/nowanowacafe/

三宮

▲人気のオムライス750円。ふわとろ卵にオリジナルデミグラスソースたっぷり
◀◀移転前とほとんど変わらない雰囲気の店内。夜遅くまでまったりできる
◀店内のカエルはお客さんからのプレゼントなど

夜遅くてもおいしいごはん作ってます！食べに来てくださいね。

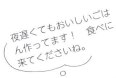

オーナー
丹羽実沙恵さん

MENU

石釜焙煎珈琲	400 円
ゆずとしょうがの紅茶	500 円
フレンチトースト	500 円
季節のショートケーキ	550 円
リゾットランチ	1,200 円

表面カリッ、中は温かくてとろけるおいしさのショコショコ400円

ACCESS

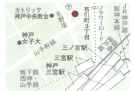

JR三ノ宮駅、阪神・阪急神戸三宮駅より北野坂方面へ8〜10分

濃厚なプリンにたっぷりの生クリームをトッピング。のわのわ特製カスタードプリン350円

日が暮れると浮かび上がるオレンジの照明が目印

63

bucato cafe
ブッカートカフェ

・SWEETS ・FOOD ・ALCOHOL

個展などを開催する店内は、内容によって雰囲気がガラリと変わる

フードもアルコールもOK！
夜カフェでまったり

階段の横に小さな看板があるだけで、見落としてしまいそうな店構えです。店内に入ると一転して、大きなソファーがあるゆったりとした空間が広がります。個展や音楽ライブを常時開催し、特にイラストや写真の展示では店内全体がギャラリーのようになるので、訪れるたびに違った雰囲気が感じられます。

ランチタイムには、週替わりのパスタやオムライス、日替わりランチなど4種類を用意。スイーツは、濃厚できめらかなニューヨークチーズケーキや、しっかりとしたチョコレートの味がダイレクトに伝わるガトーショコラなど、オリジナルの味が楽しめます。豊富にそろうアルコールをチョイスして、静かな夜カフェタイムを過ごしてみても。

DATA
神戸市中央区栄町通3-6-17
田中ビル2階
078-393-3815
12：00～翌2：00
(翌1：00LO、ランチは16：00LO)
月曜休み
テーブル22席、カウンター9席
禁煙席なし
http://blog.goo.ne.jp/bucato

栄町

▲ランチの本日のパスタ850円（サラダ、ドリンク付）。写真は、ベーコンとズッキーニ、シメジのトマトソース
◀◀ゆったりとしたソファー席でワインを楽しみたい
◀窓側にもソファー席があり、ゆっくりできる

ランチ・スイーツ・ディナー・アルコール、すべてそろってます！

オーナー
松尾順太郎さん

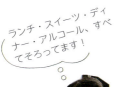

MENU

コーヒー	450円
ランチセット（サラダ・ドリンク付）各	850円
ニューヨークチーズケーキ	500円
ガトーショコラ	500円
グラスワイン（赤・白）	500円

好きなスイーツを3点選んで600円。セットドリンク100円引き

ACCESS

JR・阪神元町駅西口より南西へ7分。地下鉄海岸線みなと元町駅2番出口よりすぐ

紅茶のブリュレをアイスクリーム状に固めてキャラメリゼ。紅茶のカタラーナ500円

階段を上がったところにある小さな看板の横がドア

UNICORN
ユニコーン

・SWEETS ・ALCOHOL ・TAKEOUT

2017年にリニューアルした店内は、白いテーブルでさわやかな雰囲気

エスプレッソ紅茶で
濃い紅茶のおいしさを味わう

自分好みの味にカスタマイズできる紅茶の楽しみ方を提案する紅茶エスプレッソの専門店。紅茶をエスプレッソにすることで苦味と香りだけを残すことができ、深い味わいが楽しめます。

定番のティーラテは、濃厚な紅茶をたっぷりのミルクでまろやかなやさしい味に。バニラ・キャラメル・ヘーゼルナッツの3種類がそろうフレーバーティーも人気です。ティーソーダやセパレートティーなど、ソーダやジュースで割っても紅茶の味がしっかりと味わえます。

もちろんコーヒーもあり、すべてティクアウト可能。2017年に内装をリニューアルし、白を基調とした明るい雰囲気に。マグカップやボトルなど、オリジナル商品も要チェックです。

DATA
神戸市中央区三宮町2-8-6
078-381-9088
9:00～21:00
(土日・祝日は10:00～)
不定休
テーブル12席、テラス8席
全席禁煙
http://unicorn-kobe.com/

元町

▲カフェラテS 450円
◀◀爽やかなティーソーダ（左）と柑橘系のジュース+紅茶のセパレートティー
◀熱々のエスプレッソ紅茶をたっぷり。アイスと紅茶のほろ苦さが絶妙にマッチしたアフォガード550円

1日のスタートに、朝の1杯を気軽にテイクアウトしてくださいね。

代表
木村信一さん

MENU

フレーバーティーラテ	S 490 円
ティーソーダ	S 450 円
セパレートティー	S 450 円
フレーバーラテ	S 490 円
ホットサンド	450 円～

濃厚な紅茶にたっぷりのミルク。ティーラテS 450円

ACCESS

JR三ノ宮駅、阪神・阪急神戸三宮駅西口より南西へ5分。JR・阪神元町駅東口より南東へ5分

おしゃれなオリジナルタンブラーは全6色。1,500円

シンプルなインテリアの店内。テラス席もある

67

パーラーホープ洋装店
パーラーホープようそうてん

SWEETS　FOOD　ALCOHOL

2階南側の部屋は、東ヨーロッパの国のリビングをイメージ。
店内すべて建築士の大山さんが大工さんと一緒に作ったそう

なんだかとっても懐かしい
隠れ家的昭和の喫茶店

ユニークな店名は、店主・大山ゲンさんのお母さんが営んでいた「ホープ洋装店」から。喫茶店とわかりやすいよう、頭に「パーラー」を付けたそう。店の建物は、築80年以上の昭和の町家の雰囲気をそのまま残したところや、趣きは異なるけれど、なぜか和の建物になじむ2階南側の部屋があります。厨房担当の大山さんのおすすめは全メニュー。定食だけで30種類あり、手作りが基本です。ランチメニューの手作りコロッケは、まろやかでやさしい味。こだわりのコーヒーは、1923年神戸で創業の「エキストラ珈琲」の豆を5種類ブレンドしたものです。元町駅から徒歩2分なのにこの静けさ。隠れ家的に使える穴場喫茶店です。

DATA
神戸市中央区元町通3-12-7
078-393-4093
11：30 ～ 17：00、18：00 ～ 22：30（日曜・祝日は12：00 ～ 17：00、18：00 ～ 22：00）
火曜休み
テーブル12席、カウンター8席
2階は禁煙

元町

▲コロッケ定食850円。ランチはメイン・小鉢・ごはん・みそ汁が定番で定食は5〜6種類を用意（11:30〜14:00）
◀◀自家製バナナベイクドチーズケーキ400円。コーヒーとセットで600円
◀1階はカウンター席のみ

うちはカフェじゃなくて喫茶店。喫茶店は大人が集まるところ。マナーを守れる方歓迎いたします。

店主
大山ゲンさん

MENU

モカ・ブラジル・サントス	各 350 円
塚田バタートースト	400 円
ハムサンド	400 円
ハムエッグランチ	550 円
本日の焼き魚定食	800 円〜

大山さんがデザインした店のロゴマーク。いろいろなものが隠れていて楽しい

ACCESS

JR・阪神元町駅西口より西へ2分

店のあちこちに昭和の香りが漂う

2階北側の部屋ははトーンダウンしていてムーディ

haus diningroom
ハオスダイニングルーム

・SWEETS ・FOOD ・TAKEOUT ・GOODS

異国的な雰囲気の店内で、丁寧に作られた和のメニューが味わえる

居心地のいい「家」で
旬の食を楽しむ特別な時間

ドイツ語で家を意味するハオス。1階は「上質な日常着」をコンセプトにしたショップで、2階のカフェとあわせて衣食住をトータルにコーディネイトしています。観光地・神戸の中心エリアにあり、訪れたお客さんに、記憶に残るおもてなしをしたいと心がけています。

和食のキャリア20年以上の料理人が作るのは、旬の素材を取り入れた毎日食べても飽きないバランスのよい料理。「旬を食する」がテーマの四季菜のいろどり膳（週末限定）は、ほんの少し食する贅沢を感じるお膳を月替わりで提供しています。本日のおかずと季節のお惣菜3種の日替わりランチのほか、平日のランチタイムには八菜のお弁当も販売しています（〜14時半、650円）。

DATA
神戸市中央区海岸通1-2-15
078-327-4581
11：30〜19：00
水曜休み
テーブル23席、カウンター8席
全席禁煙
http://def-company.co.jp/haus-diningroom

栄町

▲月替わりのお膳、四季菜のいろどり膳。旬の魚や野菜を使ったおすすめメニュー
◀◀ハンドドリップコーヒーは、グアテマラをベースにしたハオスオリジナルブレンド
◀自家製ケーキをドリンクとセットで楽しめる

テーブル番号を示す画は高知の松林誠さんの作品。どれも愛嬌があります。

MENU	
ブレンドコーヒー	500円
ロイヤルミルクティー	580円
日替わりランチ（〜 14:30）	900円
ケーキセット	980円 /1,080円
四季菜のいろどり膳	1,400円

お惣菜8種と混ぜごはんのワンプレート。八菜とまぜごはん1,000円

ACCESS

JR・阪神元町駅東口より南へ5分

ラムロイヤルミルクティー
580円

ハオスオリジナルの手ぬぐいや店内でもドリンク用に使っている信楽焼の器なども販売

COFFEE Norari&Kurari
コーヒー ノラリクラリ

SWEETS · FOOD · ALCOHOL

お客さんが持ってきてくれたという、本がたくさん並ぶ1階スペース

レトロビルの落ち着いた空間で
まろやかな土鍋コーヒーを味わう

古き良き神戸の雰囲気が残る元町六丁目商店街。その一角のレトロビルにあり、1階は茶を基調とした落ち着いた雰囲気です。改装中にみつかったという地下は、このビルが建てられた昭和初期のタイルの壁が、そのまま残るノスタルジックな空間です。

土鍋で淹れるコーヒーは、宝塚にある百合珈琲のスペシャルティ。土鍋で4分間蒸すことで豆の持つ油分が出て、よりまろやかで飲みやすくなります。自家製ジンジャーエールや、はちみつを加えたジンジャーミルクも人気。オリジナリティのあるカレーやピザは、ランチやワインのお供にもぴったりです。店内ではライブや展示なども開催しています。

DATA
神戸市中央区元町通6-5-15
078-351-4799
11:00～19:00
(土・日曜は～18:00)
水曜休み
テーブル31席
全席禁煙
https://www.facebook.com/CoffeeNorariKurari/

西元町

▲ジューシーなハーブソーセージがのった人気のマサラカレーセット750円（サラダ・プチデザート付）
◀◀トッピングを工夫したピザが各種。ワインに合うスモーク牡蠣のピザ750円
◀地下は土・日曜のみ利用可能

MENU		
本日の珈琲		500円
自家製ジンジャーエール		550円
シナモンジンジャーミルク		550円
焼きチーズカレー		750円
ネギピザ		750円

おいしいコーヒーで、のんびりほっこりしてください。ワインもあります。

代表
宮久保忠広さん

ブラックがおいしい
スペシャルティコーヒー

ACCESS

阪神西元町駅西口より元町商店街を東へすぐ。JR元町駅西口より元町商店街を西へ10分

店名になっているキャラクター、ノラリ（ネコ）とクラリ（カラス）

土鍋で4分間蒸したあと、ネルドリップで土鍋に落とす

73

あんカフェ

SWEETS · FOOD · GOODS

靴を脱いで上がる、家のような店内。
古い窓にぶらさがる鍵にも注目

神戸屈指の観光地、北野の路地に
昔の姿そのままに残る古民家

洋館が建ち並ぶ北野坂を北へつきあたりまで上がり、さらに細い路地の中に入ると現れるタイムスリップしたような建物。昭和20年に建てられ、戦火を逃れた生活感のある古民家です。この家を残すためにカフェをオープンしたという中島しのぶさんは、訪れるお客さんに北野の街並のいろいろな楽しみ方を伝えています。

ランチタイムには日替わりのワンプレート、限定あんランチが人気。スープや野菜を中心に、体にやさしいメニューです。スイーツは、ミニサイズのバウムクーヘンやチョコレートケーキの限定スイーツや酒かすミニパウンドがメインの六甲の焼菓子が楽しめ、それぞれドリンクがセットになっています。

DATA
神戸市中央区北野町2-10-18
078-251-6165
11:00〜1:30
月・火・水曜休み（祝日は営業）
テーブル12席、カウンター6席
全席禁煙
https://ancafekobe.weebly.com/

北野

▲日替わりの限定あんランチ 1,080円（11:30〜14:15LO）
◀◀ミニサイズのケーキとカスピ海ヨーグルトのセット、限定スウィーツ＆ドリンク
◀ハンドメイド雑貨がぎっしり。手作り好きが集い、ワークショップなども随時開催

坂の上にありますが、何度も来たいと思ってもらえるお店を目指しています。

店主
中島しのぶさん

MENU

コーヒー・紅茶	各500円
台湾高山烏龍茶	600円
スパイスティ	600円
六甲の焼き菓子とドリンク	850円
限定スウィーツ＆ドリンク	900円

抹茶とミルクをホイップしたグリーンティオーレ 600円

ACCESS

JR三ノ宮駅、阪神・阪急神戸三宮駅より北野坂を北へ12〜15分

おしゃれな雑貨がいろいろ

古い柱時計がゆっくりと時を刻む

cafe maasye
カフェ マーシー

SWEETS · FOOD · ALCOHOL

大きな窓から明るい陽が降り注ぐ店内。
白を基調にシンプルテイストにまとめられている

料理もスイーツも多彩
まちなかの隠れ家カフェ

カフェめぐりが趣味で、料理は食べるのも作るのも大好きだった店主が、自分の家に友達を呼ぶ延長で、まちなかの気軽に立ち寄れるカフェをしたいと思ったのが開店のきっかけでした。

「ゆっくりできるような空間には、おいしい飲み物と健康的な食事が必要」と話します。

人気メニューは、週替わりのごはんセット。メインに、野菜中心の4種類のお惣菜と、だしをしっかりとったみそ汁、ごはんに飲み物が付きます。ごはんとみそ汁はおかわり自由。コーヒーは、近所の専門店が焙煎するオリジナルブレンドをフレンチプレスで淹れます。年中食べられるパフェがスイーツのイチオシです。

DATA
神戸市中央区元町通2-4-6 2階
078-321-7811
11：30 ～ 18：00（17：00LO）
土日・祝日は～ 19：00
（18：00LO）
火曜休み（祝日は営業）
テーブル19席
3階のみ喫煙可能

元町

▲週替わりのごはんセットはドリンク付きで1,000円
◀◀キャラメルパフェ 680円。パフェはオールシーズン10種もある
◀喫煙可能の3階は、どこか懐かしさを感じるノスタルジックな空間

この店のごはんを食べて、元気になってもらいたいですね。

店主

MENU

ツナコーンカレマヨトースト	500円
小倉バタートースト	450円
バナナブルーベリーヨーグルト	600円
抹茶オレデラックス	630円
いちごチーズケーキパフェ	750円

シフォンケーキ400円、カフェオレ530円

ACCESS

JR・阪神元町駅西口より南へ3分

パーラー風のチェストがお店のアクセントに

元町商店街からすぐとは思えない静けさ

ALLIANCE GRAPHIQUE
アリアンス・グラフィック

SWEETS　FOOD　ALCOHOL

どこを見てもすてきな空間で、非日常のひとときが過ごせる

パリの街角を思わせる空間で
旅の途中のような時間を過ごす

1911年に建てられた海岸ビルヂング1階北側にあり、かつて貿易会社の倉庫だったところを改装。オープンして25年を超え、栄町のカフェをリードする先駆け的存在のお店です。印象的な大きなドアを開けて店内に入ると、見上げるほどの高い天井。照明をはじめ、インテリアのほとんどはフランスで買い付けたもので、カウンターや椅子などの家具は、すべてオーダーメイド。細かいところまでこだわった味わい深い空間がひろがります。

ランチタイムには、人気の「フランス人に教えてもらったカレーセット」など、5種類のメニューをドリンク付きで提供。バータイムには、100種類以上のアルコールが楽しめます。

DATA
神戸市中央区海岸通3-1-5
078-333-0910
11：30～23：00（ランチ～16：00LO、ディナー17：00～22：00LO、ドリンク～22：30LO)
不定休
テーブル20席、カウンター 8席
16：00～カウンターのみ喫煙可

栄町

▲「フランス人に教えてもらったカレー」のランチセット1,188円。ディナーは、前菜・サラダ・飲物付きで2,376円
◀◀フランスの古いノベルティーキーホルダーやポスターはオーナーのコレクション
◀アルコールの種類も豊富

この空間ならではの、昼と夜の雰囲気の違いを楽しんでくださいね。

スタッフ
大沢太加朋さん

MENU

オリジナルブレンド	540 円
カプチーノ	648 円
ホームメイドケーキ	500 円〜
シェフコンビネーションサラダ	1,350 円
ハウスワイン（グラス）	864 円

なめらかな口あたりで濃厚な味わいのベイクドチーズケーキ540円

ACCESS

JR・阪神元町駅西口より南へ7分。地下鉄海岸線みなと元町駅2番出口より南へ3分

アッサムをミルクで煮だしたチャイはアリアンスオリジナル。648円

すてきな照明器具もフランスから

YIDAKI CAFE
イダキカフェ

SWEETS　FOOD　ALCOHOL

ビルの2階とは思えないほど
明るく広々とした店内。

青空の下にいるような
明るく開放的な雰囲気

ドアを開けると一面ブルーの壁が目に飛び込む店内は、オーストラリアをイメージした開放的な空間。店名のイダキは、オーストラリアの先住民アボリジニーの楽器を意味しています。

月替わりランチは、旬の野菜を使った料理や無農薬玄米ごはんなど、ボリュームたっぷりなのにヘルシー。ベジタリアンの人にも食べてほしいと、野菜のおいしさが堪能できるメニューを心がけています。スイーツは、無農薬のブルーベリーやニンジンのケーキ、ドリンクは農薬を使わずに育てた沖縄茶葉をブレンドした琉球アールグレイやサンセットティ（セイロン）など。フードもドリンクも可能な限りオーガニックの材料を使っています。

DATA
神戸市中央区三宮町3-6-6　2階
078-335-0520
11：00〜21：00（20：30LO)
木曜休み
テーブル20席、カウンター9席
全席禁煙
http://yidakicafe.blog.fc2.com/

元町

▲ 旬の野菜をふんだんに使った季節感のある月替わりランチ950円。プラス200円でドリンクセットにできる
◀◀ 個性的な照明が光る夜は、昼間と違った雰囲気に
◀ ひとりでもゆっくりできる、窓に面したカウンター席

できる限りオーガニックにこだわっています。ぜひお立ち寄りください。

オーナー
坂本充輝さん

MENU

コーヒー	500 円
カフェラテ	550 円
ベジカレーセット	900 円
サンドイッチプレート	900 円

ランチ 11:00 〜 16:00（なくなり次第終了）

 この看板が目印

ACCESS

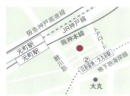

JR・阪神元町駅東口より南へ5分

コーヒーは、京都・Unirのスペシャルティ

テーブルがゆったりと配置された広々空間

Café Cru.
カフェクリュ

SWEETS　FOOD　ALCOHOL　TAKEOUT

照明と椅子がアクセントのポップな雰囲気の店内

赤をきかせたカジュアルな空間で
スイーツとワインと楽しむ

ケーキや焼菓子、アイスクリームなど、パティシェの金田明子さんが、すべて奥の厨房で作っています。木のテーブルが置かれたラフな店内で印象的なのが、個性的なフォルムのトムバックの椅子。この赤い椅子が、店内に華やかさを添えています。

「本日のおすすめケーキたち」は、5種類ほどがそろい、すべて自家製アイスクリームが付きます。カカオ分の高いベルギー産のチョコレートをぜいたくに使い、小麦粉を使わずに焼き上げたショコラクラシックは、赤ワインと相性抜群の大人の味。ブルーチーズのガトーも人気です。ケーキはひとつからテイクアウトでき、アイシングクッキーは文字のオーダーも可能。

DATA
神戸市中央区元町通4-1-5 1階
078-351-0117
12：00〜21：00LO
火・金曜休み
テーブル12席、カウンター3席
禁煙席なし

栄町

▲まったりと濃厚なショコラクラシック500円。コーヒーはもちろん、ワインとのマリアージュも楽しめる
◀◀個性的なトムバックの椅子は、金田さんのお気に入り
◀クッキーやマドレーヌ、カップケーキなど焼菓子も各種

毎日いろいろ焼き上がっています。気軽にお立ち寄りくださいね。

オーナー
金田明子さん

MENU
エスプレッソ	400円
ポットサービスティー	500円〜
グラスワイン（赤・白）	600円〜
本日のおすすめケーキたち	各500円
タマネギたくさんのキッシュ（サラダ付）	600円

ふわふわでかわいい
カフェオレ　500円

ACCESS

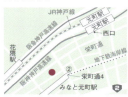

阪急花隈駅東口より南へ5分。JR・阪神元町駅西口より南西へ6分。地下鉄海岸線みなと元町駅2番出口より北西へ2分

濃厚なケーキに合う
サングリア600円

赤が効果的なアクセントのインテリア

83

tearoom marble
ティールームマーブル

●SWEETS ●TAKEOUT

明るい日差しが入る店内には、大小のテーブルがあり、ゆっくりできる

おいしい紅茶を楽しみながら
自分だけの時間を過ごしたい

白いティーポットが描かれた看板。それだけが目印の紅茶専門店です。紅茶を深く知り、味わい、学んでいったという店主の鎌田敦さん。ゆったりできること、本を持ってきてゆっくりしてもらえることをコンセプトに、紅茶に寄り添う空間を作っています。

鎌田さんの好みは濃い紅茶。ミルクティタイプの茶葉を多めにラインナップしています。銘柄だけではなく茶園によっても味が異なるので、おいしい紅茶が入るたびにメニューも少し入れ替わります。紅茶に添えられたマドレーヌは、紅茶の味を引き立てる甘さ控えめの焼き上がり。キッシュとスープに好きな紅茶を組み合わせたキッシュセットも好評です。

DATA
神戸市中央区中山手通2-17-8
078-271-1114
12:00〜20:00（19:30LO）
火曜休み（祝日は営業、翌日休）
テーブル8席、カウンター6席
全席禁煙

84

北野

▲温かい紅茶はポットでサーブ。サービスのマドレーヌは、ほんのりとしたカラメルのほろ苦さがおいしい
◀◀奥のカウンター席は、さらに落ち着いた雰囲気
◀マドレーヌやビスコッティは、テイクアウトもOK

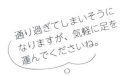

通り過ぎてしまいそうになりますが、気軽に足を運んでくださいね。

店主
鎌田敦さん

MENU

HOT TEA ミルクティタイプ8種類、ロイヤルミルクティ、ストレートタイプ4種類
　　　　各600円（マドレーヌ付き）
キッシュセット（紅茶付）　　　　1,050円
イチジクとクルミのスコーン　　　　100円

ミルクを入れてまろやかになる濃い紅茶がおいしい。
ミルクティ600円

ACCESS

阪急神戸三宮駅西口より北へ8分。JR三ノ宮駅、阪神神戸三宮駅より10〜13分

あっさりとした
レアチーズケーキ300円

白いティーポットの看板と、階段横にある店のボードが目印

吹上の森 六甲
ふきあげのもりろっこう

*SWEETS *FOOD *ALCOHOL

テーブルや椅子、読み古された感が漂う文庫本も
オブジェの一つとして雰囲気づくりに一役

地域性や立地、建物を生かした
都会的で上質な大人の空間

三田の邸宅カフェ「吹上の森」を手がけたアトリエパーシモンの小田隆浩さんがプロデュースした空間。2018年1月にオープンしたこのカフェは、昭和感たっぷりで懐かしさを残しながらも洗練された都会的な雰囲気。「立地や空間に合わせた店という点では三田店と同じ」と小田さん。古いものが格好よく生かされています。

イチゴは稲鍵ファーム、サラダには三田野菜と、三田の生産者とのつながりを大切にしながら、六甲の地域の特性にもなじむ店づくりを心がけ、夜は女性が一人でも入りやすいようにコーヒーはもちろん、アルコールも用意しています。「体にも女性にもやさしい」はコンセプトのひとつです。

DATA
神戸市灘区山田町3-2-6
六甲リッチライフ&プラザ1階
078-779-1933
11:00～21:00（20:00LO）、
日曜は～19:00（18:00LO）
水曜休み
テーブル20席、カウンター 4席
全席禁煙
http://fukiagenpmori.com/

六甲

▲いちごと抹茶パフェ 1,026円。パフェは、桃、ぶどうなど季節のフルーツを使ったアイテムが次々登場する
◀◀1950～60年代の昭和の雰囲気抜群のソファーも空間にぴったり
◀いちごのティラミス 648円

疲れたときに休憩しに来てほしいですね。

プロデューサー
小田隆浩さん

ACCESS

阪急六甲駅より北西へ4分

MENU

しょうがチャイ	648 円
やさしい、ミルク珈琲	540 円
自家製ほっとりんご	540 円
自家製いちごソーダフロート	648 円
自家製ベイクドチーズケーキのいちごのせ	540 円

野菜たっぷり季節のスープとサラダとパンのプレート
864円

いちごと抹茶の
大福ぜんざい 864円

初夏からの人気メニュー
「三田のいちごミルクのかき氷」
756円

87

natural sweets café
matoca
ナチュラルスイーツカフェ マトカ

SWEETS　TAKEOUT　GOODS

テーブルを動かせるので、
4～6人ならテーブルをくっつけることも可能

やさしいケーキと飲みもので
力を抜いてほっとできるひとときを

阪急六甲駅から坂道を歩いていくと見えてくる、道路に面していない隠れ家感のある小さな空間。洋菓子やマクロビ、中国茶などを学び、自身も体が丈夫でなかったことから、ノンバター・ノンエッグの焼菓子などを作っていたという店主の田口由美子さん。お店を開いて10年目になりますが、「これからもゆるぎなく、ほっとしてほしいということだけが願いです」と話します。

粉類・乳製品・卵不使用のローケーキやフェアトレード無農薬有機栽培のコーヒー・紅茶、有機ハーブティーなど、旬の素材やオーガニックを意識した体にやさしいものばかり。パワーダウンした時に元気をもらえるお店です。

DATA
神戸市灘区篠原北町1-7-22
トーヤマンション中2階
078-801-0078
11：00～19：00
水・木曜休み
テーブル6席
全席禁煙
http://matocacafe.exblog.jp/

六甲

▲いちご小豆と古代甘酒のベイクドチーズケーキ600円。省農薬いちごと有機大豆、古代米の甘酒たっぷりでやさしい味
◀ほうじカモミールソイカプチーノ650円。寒い季節に人気
◀取材時は、IRIS bougie『灯す旅』キャンドル展を開催

ここにあるすべてのものが、ほっとするためのツールです。

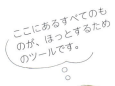

店主
田口由美子さん

ACCESS

阪急六甲駅より北へ7分

MENU

穀物コーヒー（H/I）	450円/490円
アールグレイ（H/I）	450円/490円
リンゴの甘煮といちじくシナモンケーキ	510円
黒糖ラムレーズンガトーショコラ	530円

※上記はノンバター・ノンエッグ

本日のローケーキ510円。ナッツやココナツの風味に季節のフルーツをミックスした焼かないケーキ

フレンチローストブレンド450円。カフェインが少なく、ストレートでも飲みやすい。99%カフェイン抜きのディカフェもある

キッチン前のカウンター席。ガラス越しの光がやさしい

café de assiette
カフェドゥアシェット

SWEETS　FOOD　TAKEOUT

木目×ホワイトがナチュラルで温かい雰囲気を醸す店内。
入り口付近のソファー席は子連れ客に人気

絵画のような一皿を
五感で楽しむくつろぎ時間

店名の「アシェット」はフランス語で「皿」の意。パティシエの永井佑資さんが「表現の幅が広い皿盛りデザートを主役にしたい」という思いで、2017年12月にオープンしました。彩り豊かな皿盛りの「アシェット・デセール」は定番3種のほかに、季節感あふれる2種を用意。「お客さんの喜んだ顔や歓声を直接感じられるのがうれしい」と永井さん。コーヒーはタオカコーヒーのオリジナルブレンドを使用。ケーキとのマリアージュも考慮して、ムース系には深煎り、チョコなどには浅煎りをおすすめします。プレートランチやスープランチなど、ランチはパンも含めすべて手作り。ほっと和む空間もごちそうです。

DATA

神戸市灘区日尾町3-3-2-101
078-940-2201
11:00～19:00（18:30LO)
木曜、第2水曜休み
テーブル14席、カウンター 3席
全席禁煙
http://cafe-de-assiette.com/

六甲

▲半熟チーズケーキ「福岡あまおう苺のアイスクリーム添え」780円。300円でドリンクとセットに。抹茶ラテは単品550円
◀︎アフォガードのチョコレートパルフェ 820円
◀︎焼菓子（12種類）やコーヒー豆はギフトにも対応

おいしいケーキをご用意していますので、お気軽に寄ってください。

オーナーパティシエ
永井佑資さん

MENU

具沢山スープと自家製焼きたてパンのランチ 850円
蒸し焼きショコラ
「シチリア産ピスタチオのアイス添え」　780円
きな粉豆乳ラテ　550円
深煎り（ブレンド）　480円

本日のプレートランチ 900円は日替わりで、メイン、デリ2種、スープ、サラダ、雑穀米

ACCESS

阪急六甲駅より南へ、JR六甲道駅より北へ。駅から各5分

ラテアートも楽しみなホットラテ 500円

テーブルは可動式なので人数により自由にセットできる

六珈
ろっこ

◯ SWEETS

「いい空間においしいコーヒー」のコンセプトそのままに、ゆっくり過ごせる

静かに流れる時間を
コーヒーとともに楽しみたい

おいしいコーヒーを飲んだことがきっかけで、ドリップで淹れるようになり、いろいろなお店を飲み歩きしながら、独学と試行錯誤を重ねた店主の松山直広さん。オリジナルの六珈ブレンドは「軽め」と「濃いめ」の2種類で、マイルドな「軽め」はポットの口から出る湯の量を多くして短い時間でしっかり、あっさりと。「濃いめ」は湯の量を少なめに、細くゆっくりと落とします。自家製パウンドケーキはコーヒーに合わせて甘さ控えめに焼き上げた3種類を用意。ほかにチーズケーキやトースト、ホットサンドなどのメニューがあります。静かな空間で漂うコーヒーの香りを楽しみ、ゆっくりと味わいながら、至福のひとときが過ごせます。

DATA

神戸市灘区八幡町2-10-5
078-851-8620
7：00〜19：00
不定休
テーブル6席、カウンター5席
全席禁煙
https://rotsuko.exblog.jp/

六甲

▲挽肉をカレーで炒めて玉ねぎスライスをのせたホットサンド。生クリームをトッピングしたパンの耳とミニフルーツ付き
◀◀六珈ブレンド 各450円。おかわり200円引き
◀奥行きのあるカウンター席

💭 本を読んだり、ぼーっとしたり。空間と時間を楽しんでください。

店主
松山直広さん

ACCESS

阪急六甲駅より南へ3分。JR六甲道駅より北へ10分

MENU

ストレート	550円〜
カフェオレ	550円
ホットサンド	各550円
チーズケーキ	450円
トースト	200円〜

自家製パウンドケーキは、ミックスフルーツ、ココアとチョコ、チョコとオレンジピールの3種類。各350円

ドアの横に掛けられた小さな看板がオープンの目印

ポットからの湯量と落ちる湯量が同じになるように確認しながら淹れる

93

PLUS FRESH
プラスフレッシュ

SWEETS　FOOD　ALCOHOL　TAKEOUT

古い家屋をリモデルした落ち着いた雰囲気の店内

落ち着いた雰囲気でくつろげる
緑に囲まれた一軒家カフェ

六甲の閑静な住宅街にある築60年を超える2階建て日本家屋をカフェとしてオープン。別棟のショップでは、ゆっくりとケーキや焼菓子を選ぶことができます。「日々の食事をより豊かにと始めた手作りが、いつしかカフェのメニューになっていたんです」と店主の宮澤さん。自家製トーストのモーニングから始まり、ランチには焼きたてのフォカッチャが登場します。独自にアレンジしたスパイスと野菜をじっくり煮込んだ特製カレーや自家製ジュースもおすすめ。パスタやリゾットなど、ランチメニューも充実しています。ひとりでも家族連れでも、年齢を問わずくつろげる空気感を大切にした、居心地のいい空間です。

DATA
神戸市灘区山田町1-1-22
078-845-3779
9：00～18：00　※ケーキショップは10：00～19：00
（日曜・祝日は～18：00）
月曜、第1・3火曜休み
（祝日は営業）
テーブル28席、テラス10席
全席禁煙（テラスは喫煙可能）
http://plusfresh.blogspot.jp/

六甲

▲じっくり煮込んだ牛肉テールのビーフカレー 1,026円
◀◀爽やかな自家製ミントとレモンのソーダ648円
◀たっぷりの栗が入った人気のタルトモンブラン。ホール1,728円、カット432円。各種ケーキセットも楽しめる

> ぶらりと訪れておいしいコーヒーでリフレッシュできる、安心感のある店づくりをしています。

店主
チャーリー宮澤さん、宮澤和貴さん

ACCESS

阪急六甲駅より北東へ5分

MENU

コーヒー	540 円〜
紅茶	594 円〜
自家製ジュース・ソーダ	648 円
パスタランチ	1,296 円

※モーニング 9:00〜11:30、ランチ 11:30〜14:00

自家製ドライジンジャーを使ったジンジャーロイヤルミルクティー 702円

レッドチェダーチーズとグリュイエールチーズのフレンチトースト1,080円

別棟のショップには、ケーキのほかに焼菓子なども各種

お八つとお茶 いろは
おやつとおちゃ いろは

▼SWEETS

9席のみのこぢんまりした店内。
古道具屋で購入した椅子にも昭和の香りが漂う

おいしいお茶と和スイーツで
ほっこりする和カフェ

あんこ、ゴマ、黒豆など、大好きな和風素材を使ったお菓子を作りたかった店主さん。カフェの専門学校卒業後は「日本茶カフェ一日」など3店舗で修業し、この店を開きました。

宇治の「上明」、静岡の「かなやみどり」、福岡の「八女」など5種類の煎茶を用意し、お茶は三煎までおいしくいただけます。ほとんどのお客さんがオーダーする人気の「お八つセット」は、これらのお茶と、黒豆入りチーズケーキ、金ごまのバナナのタルトなど3〜4種類のケーキから好みのものをセットにできます。また、栗、サツマイモ、イチゴなど季節の素材を使った「季節のパフェ」も人気。おいしいお茶と一緒に食べてほっこりできます。

DATA
神戸市灘区八幡町4-2-25
マノアール・ド・リエール1階
078-203-2947
12：00〜19：00
不定休
テーブル7席、カウンター 2席
全席禁煙
http://irohaoyatu.blogspot.jp/

六甲

▲人気の「お八つセット」900円。写真は、あずきといちじくのケーキと八女茶のセット

◀◀窓際の席に置かれた一つひとつ違う椅子も雰囲気になじんでいる

◀カウンター席の仕切りには、棚の扉を有効活用している

神社の緑を見ながら、お茶とおやつを食べて、ゆっくりのんびりしてください。

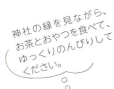

MENU

ほうじ茶	500 円
クリーンティ	500 円
ブレンドコーヒー（H/I）	500 円
ジンジャーエール（自家製シロップ）	500 円
和紅茶（国産紅茶）	500 円

ケーキ、白玉など7～8種類の具が入った贅沢パフェ。写真は武道のパフェ。ドリンクとセットで1,100円

ACCESS

阪急六甲駅より南へ4分。JR六甲道駅北口より北西へ8分

店内あらゆるところに「積木」は飾られ、懐かしさを誘う

おひとりさま用のコーナー。この席も人気

97

コーヒーと古着や雑貨
マザーミーツ喫茶店
マザーミーツきっさてん

SWEETS · FOOD · GOODS

大きな窓から庭の美しい花が見られる人気のテーブル席。
椅子やテーブルはカフェをするためにコツコツ集めたもの

時間がゆったりと流れる
居心地のいいくつろぎの一軒家

「岡本2LDKアパートメント」の1階部分にあるこの店は、店主の浅見瞳さんの夢そのもの。「マザーミーツ」とは、「ミーツ（＝出会い）や新しい考えを生み出せる場所」としての意味合いで、カフェメニューや雑貨、お客さんごとにセレクトするBGMもそのための小道具の一つです。

一番人気のホットケーキは、小麦粉をはかるところからスタート。約15分の焼き時間も、雑貨を見たり、シェアする2階のお店を訪れたり、楽しく過ごせます。甘みと苦みのバランスが抜群のコーヒーは東京の「堀口珈琲」の豆を使用しています。「店が岡本に来るきっかけの一つになれば」と、地元を愛する浅見さんの思いは尽きません。

DATA

神戸市東灘区岡本5-2-4
岡本2LDKアパートメント1階
070-1590-3232
11：30〜17：30（土・祝日は
11：00〜18：00、各30分前LO）
日・月曜休み（祝日は不定休）
テーブル9席
全席禁煙
https://www.mothermeets.com/

岡本

▲国産の小麦粉と豆乳を使ってもっちりふんわり焼き上げるホットケーキ600円。マザーミーツブレンド480円。器はアンティークのものを使用
◀昭和レトロ×西欧アンティークを意識した品ぞろえ
◀タイプの違う全9席

岡本のスローエリアを感じに来てください。

店主
浅見瞳さん

MENU

コーヒー（シングルオリジン）	520円
カフェオレ	550円
ロイヤルミルクティ	630円
ブライアンさんの燻製バターとはちみつのトースト	450円
フルーツミックスシェイク	650円

マダガスカル産のバニラビーンズを使った定番おやつ「自家製プリン」450円

ACCESS

阪急岡本駅北改札口より東へすぐ。JR摂津本山駅北出口より北へ6分

3人の作家さんによる手作りアクセサリーも販売

電車の時間待ちの人や電車好きの子どもに人気のテラス席

ひなび

SWEETS · FOOD · GOODS

古い家になじむよう、ちゃぶ台や文机などを古道具屋で調達。
昔の窓枠などを残したおしゃれな雰囲気の2階の座敷席

野菜のおいしさ実感
和みの一軒家カフェ

「野菜だけで作った料理を提供する店を開きたい」とオープンした一軒家カフェ。オーガニックレストランや自然食品の店など、長年飲食関係の仕事に携わってきた店主が作る料理は、肉魚はもちろん、卵や乳製品に至るまで動物性のものは一切使いません。調味料も、自然塩、昔からある添加物不使用の醤油やみりんなどを使っています。

そんな料理を求めて、学生や主婦、野菜好きの男性のひとり客まで、多世代のお客さんが店を訪れます。人気はメインに惣菜4品が付く日替わりランチ。「リフレッシュしたいとき、疲れてリセットしたいときに来てゆっくりしていただけたらうれしいですね」。野菜の本当のおいしさがわかります。

DATA

神戸市東灘区本山北町6-2-8
080-2465-1844
11:00〜16:00（15:00LO）
月曜休み（祝日は営業）
テーブル6席、座敷10席
全席禁煙
http://hinabi.jimdo.com/

岡本

▲日替わりランチ1,000円。メイン、お惣菜4品、汁物に土鍋で炊いてお櫃で保存する3分搗き米のごはんが付く
◀◀2階には、オリジナル雑貨や作家の器を置く部屋も
◀野菜は自然農法で栽培したものを中心に使う

おいしいお野菜をご用意してお待ちしております。

MENU

季節のヤサイカレー	850円
ショコラナッツタルト	400円
オーガニック珈琲	400円
穀物珈琲	400円
豆乳チャイ	500円

オリジナル手ぬぐい
（3種類）各1200円

ACCESS

阪急岡本駅北改札口より東へ5分

オリジナル鍋つかみ。
大1400円、小1200円

オートミールクッキー 300円、チョコラナッツタルト400円など

いしころカフェ

SWEETS FOOD

通路側の窓には、一つひとつ模様の違うステンドグラスをはめ込み、壁には珪藻土など自然素材を使った温かみのある店内

道端の石ころのごとく
いつもあってほっと心和むカフェ

フレンチのパティシェ出身の店主、山下さとこさんが大切にしているのは「本当によいものをさりげなく」。よいものとは、自然素材を多用した店の内装、気持ちのよい接客、添加物を一切使わず丁寧に作った料理や、見て楽しい、食べておいしいスイーツのことでもない石ころ、でもほっと和む、そんな存在でありたいです」と話します。

人気のランチは、限定20食の「ごろごろ御膳」。この御膳を求めて、開店前から行列ができることも。「フレンチのクオリティをカフェで」と、山下さんが手がけるスイーツは、定番に加え季節限定ものも評判です。自分だけの大切な場所にしたいカフェです。

DATA

神戸市東灘区本山北町3-6-10
078-411-7121
11:00〜19:30（18:30LO）
不定休
テーブル20席、カウンター6席
全席禁煙
http://1456cafe.com/

岡本

▲日替わりの「ころころ御膳」1,080円。1食で20品目以上の食材を使うヘルシー御膳
◀◀トチの木の一枚板のカンターテーブル
◀人気のソファー席は長居席ともいう。子連れ客もゆっくりできるので好評

MENU	
プレートランチ（～16:00）	980 円
どんぶりごはん（日替わりで2～3種）	980 円
おしるこ（きなこ）	680 円
黒糖きなこ豆乳	550 円
お絵かきラテ	500 円

食後のドリンクの割引など、お得な学割サービスもご利用ください。

店主
山下さとこさん

人気のスイーツ
「クレームブリュレ」
720円

ACCESS

阪急岡本駅南改札口より南東へ、JR摂津本山駅北出口より北東へ。各駅から5分

スモークサーモンなどが添えられている「いしころピタサンド」980円

風情がある石畳風の通路

cafe yuddy
カフェヨディ

SWEETS　FOOD　TAKEOUT

ちょっとレトロでシックな店内は、ゆっくりできる雰囲気

手作りの甘味と中国茶を
おいしく味わえる和カフェ

和をコンセプトにした落ち着いた雰囲気のカフェ。人気のあんみつは、天草から煮出した寒天や手作りの黒蜜、餡など、伝統的な甘味にこだわった一品です。トッピングが季節によって変わり、春ならイチゴとヨモギの白玉、秋冬にはサツマイモの甘煮など。ほかにも和パフェやタルトなど、季節感を大切にしたスイーツがそろっています。食事もヘルシーなメニューが基本で、旬の野菜のうまみだけで作るベジスープに週替わりのメイン、八穀米のごはん、季節のお惣菜と中国茶がセットになったベジスープご膳などを提供しています。終日メニューなので、ランチタイムを逃しても大丈夫。ひとりでもバランスよく食事をとることができます。

DATA

神戸市東灘区岡本1-4-3
坂井ビル3階
078-411-7228
11：30～20：30
(日曜は～20：00、各30分前LO)
第2火曜休み(3月のみ毎週)
テーブル28席
全席禁煙
http://cafeyuddy.com/

岡本

▲ベジスープご膳1,270円（〜14:00、14:00以降1,370円）。野菜たっぷりのベジスープとメインは週替わり
◀◀約10種類そろう中国茶
◀産地から直接買い付けた中国茶やオリジナルのお茶、茶器なども販売している

MENU

極上ほうじミルクティー	590 円
きんもくせいレモン（H）	600 円
オリジナルブレンド茶	650 円〜
季節の八穀米カレー	970 円
（〜 14:00、14:00以降 1,050 円）	
季節の和パフェ	860 円

女性ひとりでも入りやすい雰囲気のお店です。気軽にお立ち寄りくださいね。

オーナー
舩原かな子さん

季節のあんみつ
820円

ACCESS

JR摂津本山駅より北へすぐ。
阪急岡本駅より南へ2分

鉄観音をベースに、きんもくせい、ジャスミンをバランスよくブレンド。ヨディブレンド670円

小さなテーブル席が多いので、ひとりでも気兼ねなく食事やお茶が楽しめる

Bleu Parc
ブルーパルク

SWEETS　TAKEOUT　GOODS

大きな窓から光が差し込み、植物と過ごす時間を大切にした空間。
アンティークの机やチャーチチェアも店の雰囲気になじんでいる

すてきなお花に囲まれて
優雅なカフェタイム

花担当の千佳さん、喫茶担当の三佳さん姉妹が営むお店。花を入れる冷蔵庫は置かず、直接、花の色や香りを楽しめるよう配慮しています。ゆっくり花選びができて、花や植物を身近に感じてもらいたいとカフェを併設しました。

人気はケーキセット。チーズケーキ、マフィン、タルトなど、シンプルで素材の味を生かしたケーキとドリンクのセットです。店で育てたレモンやハーブ類などをケーキの素材にすることも。コーヒーは、スペシャルティコーヒーの専門店、堀口珈琲の豆を、紅茶は、芦屋のUf-fu（ウーフ）の茶葉を使っています。かわいいお花たちとカフェの時間をゆっくり楽しめます。

DATA

神戸市東灘区岡本8-2-30
078-453-0173
10：00～18：00
木曜休み
テーブル4席、カウンター 4席
全席禁煙
http://www.bleu-parc.com/

岡本

▲有機肥料で大切に育てられたサツマイモのお菓子「おいもさん」とコーヒーのセット890円
◀◀紅茶8種類はポットサービスで提供。600円
◀お花のコーナーは生花だけでなくリースや雑貨もそろう

木々やお花たちを通して季節を感じてもらいたいですね。

花担当　千佳さん
喫茶担当　三佳さん

MENU

コーヒー（ブレンド3種類）	500円
コーヒー（ストレート）	550円
チャイ	600円
ケーキセット	890円〜
ミックスジュース	600円

千佳さん製作のリースはどれもすてき

ナチュラル感あふれる草花や観葉植物などが並ぶ

ACCESS

阪急岡本駅南改札口より東へ7分、JR摂津本山駅北出口より北西へ10分

店名はフランス語で「緑（青）の公園」の意

Cafe gallery studio D.
カフェギャラリー スタジオディー

ほとんどが窓の明るい空間。
天気がいい日は青空がきれいに見える

広い青空が見えるカフェで
時間を忘れてリフレッシュ

2012年にオープンしたカフェは、デザイン事務所のスタジオだった場所。ビルの3階で、一面が窓の明るく広々としたスペースは、「ゆったり、のんびり」がコンセプト。カフェが少ない魚崎エリアの穴場的存在の人気カフェです。
地元で人気のパン屋さんの山食をオリジナルサイズに焼いてもらったトーストは、オープン当初からのメニュー。外はさっくり、中はもっちりしたミニサイズのトーストを、きなこバター、シナモンシュガーなど9種類から選んだトッピングでいろいろな味わいに。カレーやドリアなどのフードメニューは、サラダ、スープ、ドリンクが付いたセットで楽しめ、バニラハニートーストなどのデザートメニューも人気です。

DATA
神戸市東灘区魚崎中町4-2-20
森ビル3階
078-451-4343
10：00～18：00
水曜休み、日曜不定休
テーブル12席、カウンター6席
全席禁煙（喫煙ルームあり）
http://www.studio-d.co.jp/

魚崎

▲D.ドリアセット1,100円〜。サラダ、スープ、ドリンクのセットで、ランチにもぴったり
◀◀別スペースに並ぶ雑貨類。アメリカのジャンクアイテムなど、個性的な品ぞろえ
◀暖かい日差しが入る、窓に面したカウンター席

大きな窓から空を見て、のんびりしていただけるの空間づくりをしています。

店長
中野美沙さん

ACCESS

阪神魚崎駅より東へ5分（入口は東側）

MENU		
オリジナルブレンド		400 円
紅 茶		400 円
本日のシフォンケーキ		400 円
トーストセット		650 円〜
カレーセット		950 円〜

オリジナルきなこバター＆バニラアイスをトッピング。バニラハニートースト450円

ドリンクジャーにたっぷりのアイスコーヒー 400円

店内ではオリジナルのレザー製品を企画・販売

甘味処 あかちゃ家
かんみどころあかちゃや

SWEETS　TAKEOUT　GOODS

純和風の町家風の内観
奥の座敷も昭和の風情たっぷり

心和むやさしい味の甘味を
ホッと一息つける昭和の空間で

東京でたまたま入った甘味処のあんみつが想像以上においしかったことがきっかけで、洋菓子店のパティシエから転身してこの世界に入った村上公子さん。神戸生まれの神戸育ち、洋菓子文化が根付く地元には甘味処が少ない、ならば自分が開こうと一念発起して店をオープンしたのが2005年のことでした。

あんは北海道十勝産小豆を使用、寒天は伊豆半島の天草を煮出して使っています。おすすめは「あんみつとわらびもち」セット。人気の甘味を一度に食べられるよくばりなセットです。そのほか、みつまめ、ところてん、和パフェなど、充実の手作りメニューが自慢。日本の甘味のおいしさを実感できるはずです。

DATA
神戸市灘区水道筋5-3-23
078-805-2776
12:00〜19:30
月曜、第3日曜休み(変更の場合あり)
テーブル4席、カウンター6席、
座敷12席
全席禁煙
http://akachaya.jp/

110

王子公園

▲抹茶クリームあんみつ680円。歯ごたえのある寒天、弾力抜群の白玉、あっさり味の粒あんの組み合わせ
◀◀昭和のひと部屋を再現した奥の座敷席のファンも多い
◀ディスプレイされた小物類も昭和の風情たっぷり

多世代の方に来ていただいて、甘味のよさを知ってほしいですね。

店主
村上公子さん

MENU

「あんみつ＆わらびもち」セット	600 円〜
あかちゃ家オリジナルパフェ	680 円
とうふクリームパフェ	630 円
わらびもち	450 円
「抹茶ババロアとコーヒー」セット	750 円

 今も現役選手の柱時計

昭和の風情あふれるメニュー

火〜金曜提供のおむすび定食800円は売り切れ次第終了

ACCESS

阪急王子公園駅東口より東へ5分

Nim.cafe
ニムカフェ

SWEETS FOOD ALCOHOL GOODS

無垢材を使った床や窓枠など木と緑の調和が美しい店内。
ユーズドの雰囲気も深い味わいに

日々の喧騒から離れ
私だけの時間を過ごせる場所

イタリアンレストランなどでシェフをしていた仁張大輔さんと、カフェでスイーツを担当していた景子さん夫妻。2人の夢が叶ってカフェをオープンしたのは2011年でした。苗字の「仁張」から命名した「Nim.cafe」は「日常のあわただしさを忘れてゆっくりしてほしい」との思いがこもった空間です。

ランチのおすすめは、パスタランチ。和風、クリーム、トマトから2種類が日替わりで登場します。オムライスランチやカレーランチも人気です。自家製ケーキは毎日4種類を用意します。ほぼ半年ごとの手作り市「Nim.cafe 蚤の市」は人気のイベント。人と人をつなぐカフェとして今後も続けていきます。

DATA
神戸市灘区中原通6-1-15 1階
078-806-3707
11：00～22：00 (21：00LO)
火曜休み
テーブル20席
全席禁煙
http://pocketman.blog89.
fc2.com/

王子公園

▲おすすめのパスタランチ 950円。サラダ・パン・ドリンク・プチデザート付
◀◀一つひとつ違う椅子なのに雰囲気に見事にマッチ
◀子連れに人気のソファー席。どの席でもゆっくりと時間を過ごすことができる

あわただしさを忘れて ゆっくり過ごしてみませんか。

店主
仁張大輔さん

MENU		
ブレンド		430 円
ホワイトチョコモカ		530 円
ストレート tea		580 円
オレンジキャラメルティ		580 円
桃いちご tea		580 円
自家製ジンジャーエール		530 円

レモンケーキ470円とカフェラテのセット アルコール以外なら+350円でセットメニューに

ACCESS

阪急王子公園駅東口より東へ2分

チャコチャンククッキー 140円、
バニラクッキー 180円

オリジナル雑貨コーナー。作家さんによる個展を開催。毎月

113

北の椅子と
きたのいすと

SWEETS　FOOD　ALCOHOL

倉庫の広々感を生かしたカフェスペースには、家にも欲しくなるような椅子がたくさん

個性的な椅子の座り心地と
安心素材のドリンク&フードを楽しむ

北欧ヴィンテージ家具・雑貨の買い付けや輸入、リペアしたヴィンテージ家具を販売する「北の椅子と」。その2階にカフェがあり、店名の由来にもつながる「椅子ひとつ加えるだけで雰囲気が変わる」のコンセプトどおり、個性的で座り心地のいい椅子がたくさん。各種ドリンクやスイーツ、ランチなどのメニューがそろい、できる限り無農薬の近郊で採れた野菜やパスチャライズド牛乳、自然塩、甜菜糖などを使っています。秋冬は契約農家から届くリンゴを使って焼くアップルパイやパウンドケーキなど、季節の味覚も楽しめます。店内にはキッズコーナーがあり、子ども連れでも安心。パンやカレーなどのキッズプレートも用意しています。

DATA

神戸市兵庫区材木町1-3
運河側倉庫
078-203-4251
11:00〜18:00 (16:00LO)
水・土曜休み、臨時休業あり
テーブル40席
全席禁煙
http://kitanoisu-to.com/

114

兵庫

▲平日のランチセット、5種類の野菜と鶏ひき肉のカレー820円（ミニサラダ、ドリンク付）。ミニデザートは＋300円
◀◀家にも欲しくなるすてきな椅子がたくさん
◀お茶を飲みながら、いろいろな椅子に移動する人も

店内でいろんな椅子に座ってみて、お気に入りの椅子をみつけてくださいね。

店主
服部真貴さん

ACCESS

地下鉄海岸線和田岬駅より北西へ8分。JR兵庫駅より南へ20分（JR和田岬線は朝・夕のみの運行）

MENU

コーヒー	350円
スパイシーチャイ	450円
自家製シロップ＋ペリエ	400円
ひよこ豆のカレー	800円
キッズプレート	520円

温かいアップルパイに、バニラアイスをトッピング。シナモンアップルパイ 450円

生姜とシナモンをきかせたスパイシーチャイ450円

絵本やおもちゃが置かれたキッズスペース

115

cafe Shizuku
カフェシズク

SWEETS FOOD ALCOHOL GOODS

2階カウンター席に座って、行き交う車を眺めながらのんびり

手作りの温かさが心地よく
ぼんやりゆっくり過ごせる空間

パティシエを経てカフェで6年半勤めた後にお店をオープン。店主の露峯千紗子さんが選んだ場所は、繁華街から少し離れた湊川。近くに市場がある下町ならではの雰囲気に惹かれ、「神戸の街と下町のギャップがおもしろいんです」と、露峯さん。湊川公園で開催される手仕事市にも時々出店しています。

毎日市場で仕入れる季節の野菜をふんだんに使ったランチが人気。メインのおかずは日替わりで、小鉢とスープ、雑穀入りごはん、ミニデザート付きです。スイーツは常時3～5種類を用意し、その日の内容は店内の黒板をチェック。お茶の和ロールや生姜とバナナのタルトなど、和テイストの素材でやさしい味ですテイクアウトの焼菓子もあります。

DATA
神戸市兵庫区荒田町1-5-4
078-779-1612
11:30～18:00
(ランチは～15:00LO)
木曜休み、不定休
テーブル5席、カウンター 9席
全席禁煙
http://shizukubin.exblog.jp/

湊川

▲Shizukuらんち850円。ランチはなくなり次第終了で、ランチタイム以降もあれば、単品で注文可能
◀◀プラバン作家O*Pさんの作品を販売。3階の工房でワークショップも開催
◀1階のカウンター席

イベントもやっています。小さなお店ですが、ひとしずくの幸せを感じてもらえたらうれしいです。

店主
露峯千紗子さん

ACCESS

神戸電鉄湊川駅、地下鉄湊川公園駅より東へ3分。JR神戸駅北口、阪神・阪急高速神戸駅より北へ8分

MENU

ほっと珈琲	400 円
スタンダード tea	500 円
ほうじ茶ロイヤルみるく tea	500 円
自家製ジンジャーエール	550 円
今日の Curry	800 円

抹茶とホワイトチョコきなこの和ロール450円。平日15:00～17:30のおやつタイムは、ドリンクとセットで150円引き

やさしい甘さの
黒糖ラテ600円

おひとりさまに人気のソファー

COZY COFFEE
コージーコーヒー

SWEETS　TAKEOUT

すっきりとしたインテリアの店内。
wi-fiや電源を完備し、パソコンの持ち込みもOK

おいしくて居心地のいい
ツウが通うコーヒー専門店

高校時代にシアトル系コーヒーの影響を受けたというオーナーの金本幸治さん。それ以来コーヒーの道まっしぐらで、いろいろなコーヒーを飲み、勉強を続け、オープンに至りました。本当においしいコーヒーを身近に、気軽に飲んでもらいたいと、居心地がよく親しみやすい店づくりを心がけています。

コーヒーは神戸の専門店「樽珈屋」から。ドリップで淹れ、「さっぱり」「しっかり」「苦め」の3種類から選びます。自家製ティラミスやコーヒーゼリーパフェなどのスイーツも人気。日替わりトーストやクロックムッシュをセットにしたモーニング（11時まで）も好評です。お店のコーヒーを使ったパン、ブリオッシュエスプレッソも要チェック。

DATA
神戸市兵庫区荒田町1-18-8
マミービル1階
078-521-9200
9:00～20:00（日曜は8:00～）
火曜休み
テーブル16席、カウンター7席
全席禁煙
http://cozy-coffee.net/

湊川

▲クリーミーで濃厚な自家製ティラミスは、濃いめのコーヒーにぴったり。400円
◀◀1杯ずつ丁寧に淹れるスペシャルティコーヒー
◀商店街の中にあり、気軽で親しみやすい雰囲気も魅力のひとつ

MENU		
ドリップコーヒー		350円
カフェラテ		350円
コーヒーゼリーパフェ		400円
エスプレッソスムージー		400円
モーニングセット		500円〜

地域に密着した居心地のいい店づくりを心がけています

オーナー
金本幸治さん

カフェラテ350円

ACCESS

地下鉄西神・山手線、神戸電鉄湊川駅より北へ5分

個性的なイラストが目を引くおしゃれな看板

最新のマシンを使い、鮮度による抽出方法にこだわる

sweets cafe Riche
スイーツカフェ リシェ

・SWEETS ・FOOD ・ALCOHOL

大きな窓からは、2017年に遠浅にする工事が完了し、砂浜が広くなった須磨海岸を一望できる

美しい須磨の海に癒され
ゆったりカフェ時間

「好きな空間でおいしいと思うものを提供したい」と2003年にオープン。オーナーの川口希美さんは「須磨の海が見渡せる絶好のロケーションはもちろん、料理、スイーツなど、この店で少しでも心が豊かになってもらえたら」という想いがあります。
管理栄養士の資格を持つ川口さんは、油や調味料に頼るのではなく、減らせるものは減らして、体にやさしい、家族に作るような料理やお菓子を作ります。人気はアジフライの自家製ビネガーソースセット。ごはんはすりおろしニンジンとおし麦を入れて炊き上げたもの。スイーツは生ケーキと焼菓子7種類を用意。いつ行っても変わらない味を景色と共に楽しめます。

DATA
神戸市須磨区須磨浦通4-1-19
078-731-1345
11：30～17：00
(16：00フードLO)
月～水曜休み（祝日は営業）
テーブル20席
全席禁煙
https://sweetscaferiche.shopinfo.jp/

須磨

▲アジフライの自家製ビネガーソースセット1,100円、本日のケーキ+400円
◀◀カモミールとジンジャー、ドライアップルのブレンドティー（はちみつ付）650円
◀ゆったりできるソファー席にもファンが多い

非日常的な空間として、自分の時間を過ごしていただけたらうれしいですね。

オーナー
川口裕司さん・希美さん

MENU	
クロックマダムセット	1,100円
カツサンドセット（サラダ付）	1,100円
ハヤシライスセット	1,100円
水出しアイスオーレ	600円
カクテル各種	600円

にんじんとくるみのケーキ450円、セット800円〜

店内どこからでも須磨の海が見渡せる

ACCESS

JR須磨駅南出口より東へ3分

ブルーベリーヨーグルトフロート
700円

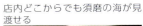

121

784 JUNCTIONCAFE
ナナハチヨンジャンクションカフェ

SWEETS · FOOD · ALCOHOL · GOODS

昔の家にしっくりとなじむアンティーク家具を配置した店内

変わらぬ風景の塩屋に建つ
懐かしい姿を残す一軒家カフェ

塩屋駅から北へ、細い路地と坂道が印象的な懐かしい町並み。急な坂道を上り、迷路のような階段を下ったところに建つ築60年ほどの一軒家を、間取りや建具などをそのまま生かしつつ、カフェとしてオープンしました。「海も山もあって、近くの高台からは、建ち並ぶ塩屋ならではの風景が見えます。コンパクトで昔ながらの雰囲気が魅力」と、塩屋出身の店主・伊達尚美さん。

人気のランチは「一汁三菜のお昼ごはん」。地元の野菜を中心に、旬の素材の日替わりメニューです。11時まではカフェタイムのモーニング、14時からのスコーンのモーニング、「今日のおやつ」や焼菓子が楽しめます。

DATA
神戸市垂水区塩屋町9-14-7
078-778-7071
9:00〜18:00
(モーニング〜11:00、ランチ11:30〜14:30)
日曜休み、月曜不定休
全席禁煙
http://junctioncafe784.strikingly.com

塩屋

▲野菜たっぷりで人気の一汁三菜の定食。日替わりのお昼ごはん1,050円
◀◀ひとりで本を読んだり考え事をしたり、ゆっくりできるライブラリースペース
◀松本市のブックカフェ「栞日」セレクトの本が並ぶ

海と山を感じる小さな街で、好きな本を読みながらゆっくりしてください。

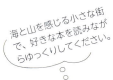

店主
伊達尚美さん

MENU

ホットコーヒー	450円
季節の飲み物	500円
スコーン（モーニング）	450円
カレー（ランチ）	850円
おにぎりとおみそ汁セット（子ども用）	350円

日替わりケーキの「本日のおやつ」500円。セットドリンクは100円引き

ACCESS

JR・山陽電鉄塩屋駅より北へ12分

ホットコーヒー 450円

ヴィンテージやデッドストックの食器なども販売

カントコトロ

·SWEETS· ·FOOD· ·ALCOHOL·

一面の窓から緑と海が一望できる、すてきなゆったり空間

空へと続く「天空のカフェ」で
非日常のひとときを過ごす

　6階でエレベーターを降り、入口へと続くアプローチは、マンションとは思えない雰囲気。ドアを開けると真っ白な空間で、一面の窓から明石海峡大橋が一望できます。丸いフォルムのテーブルや椅子、天井から下がる雲の形の照明など、まるで空の上にいるようなファンタジーの世界。音響を完備した店内にはグランドピアノが置かれ、月1回ペースでライブも開催しています。マスターの中村彰浩さんが、サイフォン、ハンドドリップ、フレンチプレスで淹れるのは、静岡の自家焙煎コーヒー「花野子ブレンド」など。店名を付けたコットンキャンディーソーダ「カントコトロ」は、この空間にマッチしたビジュアルと味が楽しめます。

DATA

神戸市垂水区東舞子町18-22
078-955-3021
11：00〜23：00（ランチ11：30〜14：30）、平日はモーニング（7：00〜11：00）あり
月曜休み（祝日は営業、翌日休み）
テーブル27席、カウンター席5席、テラス8席
全席禁煙
https://kantokotoro.com/

舞子

▲チキンカレー 750円。淡路島産タマネギをじっくり炒めた自家製ルーがおいしい
◀◀テーブルも椅子も丸くて、まるで空に浮かんでいるよう
◀店内にはグランドピアノもあり、1カ月に1回のペースでライブも開催

ファンタジーを形にした空間です。非日常の時間を過ごしてくださいね。

店主
中村かんなさん

MENU		
コーヒー各種		500円〜
ケーキ		400円
たこピラフ		850円
ランチ（スープ・デザート付）		950円〜
ディナー（前菜・アルコール付）		1,350円〜

雲のような綿菓子がのった、ほんのり甘酸っぱい「カントコトロ」700円

ACCESS

JR舞子駅、山陽電鉄舞子公園駅より東へ5分

入口ドアのガラス窓から見えるすてきな風景

1杯ずつ丁寧に淹れるおいしいコーヒー

125

TORITON CAFÉ KOBE KITANO	北野	30
784JUNCTIONCAFE	塩屋	122
niji cafe	元町北	52
Nim.cafe	王子公園	112
COFFEE Norari&Kurari	西元町	72
のわのわカフェ	三宮	62

パーラーホープ洋装店	元町	68
haus diningroom	栄町	70
HAPPY COFFEE	栄町	20
café hanabishi	三宮	24
ひなび	岡本	100
吹上の森 六甲	六甲	86
bucato cafe	栄町	64
PLUS FRESH	六甲	94
Bleu Parc	岡本	106
BO TAMBOURiNE CAFE	元町北	38

cafe maasye	元町	76
tearoom marble	北野	84
macaronner	栄町	16
コーヒーと古着や雑貨 マザーミーツ喫茶店	岡本	98
natural sweets café matoca	六甲	88
mahisa 元町店	元町	48
カフェ豆茶	元町	58
kaffe,antik markka	北野	60

UNICORN	元町	66
cafe yuddy	岡本	104
cafe yom pan	花隈	46
ROUND POINT CAFE	栄町	44
sweets cafe Riche	須磨	120
六珈	六甲	92
Y's coffee roaster & baked shop	花隈	26

126

INDEX

あ

甘味処 あかちゃ家	王子公園	110
Cafe de Agenda	栄　町	8
café de assiette	六　甲	90
cafe アノヒアノトキ	県庁前	14
ALLIANCE GRAPHIQUE	栄　町	78
cafe&bar anthem	栄　町	54
あんカフェ	北　野	74
いしころカフェ	岡　本	102
YIDAKI CAFE	元　町	80
おハつとお茶　いろは	六　甲	96

か

Gâteaux Favoris	栄　町	42
CAFE +	三　宮	22
calas	元　町	40
カントコトロ	舞　子	124
KIITO CAFE	三　宮	32
北の椅子と	兵　庫	114
グリーンハウスシルバ	三　宮	28
Café Cru.	栄　町	82
café clotho	元町北	18
CAFE KESHiPEARL	三　宮	34
COZY COFFEE	湊　川	118
KOKOSICA	栄　町	56

さ

cafe Shizuku	湊　川	116
giggi	元町北	36
SIMASIMA	神　戸	12
cafe.shuu	北　野	50
Cafe gallery studio D.	魚　崎	108
CAFE Zoé	三　宮	10

取材・撮影
磯本歌見
安田良子

デザイン・DTP
益田美穂子（open! sesame）

地図
松田三樹子

編集
OFFICE あんぐる

取材にご協力いただきました各店のみなさまに
お礼を申し上げます。

神戸　カフェ日和　すてきな CAFE さんぽ

2018 年 3 月 30 日　第 1 版・第 1 刷発行

著　者　あんぐる
発行者　メイツ出版株式会社
　　　　代表者　三渡 治
　　　　〒102-0093 東京都千代田区平河町一丁目 1-8
　　　　TEL：03-5276-3050（編集・営業）
　　　　　　　03-5276-3052（注文専用）
　　　　FAX：03-5276-3105
印　刷　三松堂株式会社

●本書の一部、あるいは全部を無断でコピーすることは、法律で認められた場合を除き、
　著作権の侵害となりますので禁止します。
●定価はカバーに表示してあります。
ⒸOFFICEあんぐる,2015,2018.ISBN978-4-7804-1992-4 C2026 Printed in Japan.

ご意見・ご感想はホームページから承っております
メイツ出版ホームページアドレス http://www.mates-publishing.co.jp/

編集長：折居かおる　　企画担当：堀明研斗/清岡香奈
※本書は 2015 年発行の『神戸すてきなカフェさんぽ』を元に加筆・修正を行っています。